Romance Espírita

RETORNO AL PRINCIPIO

Por el Espíritu
Lucius

Psicografía de
Lucimara Breve

Traducción al Español:
J.Thomas Saldias, MSc.
Trujillo, Perú, Febrero 2024

Título Original en Portugués:

"Retorno ao Principio"

© Lucimara Breve, Noviembre 2005

Traducido al Español de la 1ra edición Portuguesa

World Spiritist Institute
Houston, Texas, USA

E– mail: contact@worldspiritistinstitute.org

Del Traductor

Jesus Thomas Saldias, MSc., nació en Trujillo, Perú.

Desde los años 80's conoció la doctrina espírita gracias a su estadía en Brasil donde tuvo oportunidad de interactuar a través de médiums con el Dr. Napoleón Rodriguez Laureano, quien se convirtió en su mentor y guía espiritual.

Posteriormente se mudó al Estado de Texas, en los Estados Unidos y se graduó en la carrera de Zootecnia en la Universidad de Texas A&M. Obtuvo también su Maestría en Ciencias de Fauna Silvestre siguiendo sus estudios de Doctorado en la misma universidad.

Terminada su carrera académica, estableció la empresa *Global Specialized Consultants LLC* a través de la cual promovió el Uso Sostenible de Recursos Naturales a través de Latino América y luego fue partícipe de la formación del **World Spiritist Institute**, registrado en el Estado de Texas como una ONG sin fines de lucro con la finalidad de promover la divulgación de la doctrina espírita.

Actualmente se encuentra trabajando desde Peru en la traducción de libros de varios médiums y espíritus del portugués al español, habiendo traducido más de 290 títulos así como conduciendo el programa "La Hora de los Espíritus."

PRÓLOGO

El polvo que levanta el paso de los caballos de aquella caravana recordaba a una tormenta de arena en el desierto, tal era la prisa de sus conductores por llegar a su destino.

Al pie de las colinas de Jope, una propiedad recientemente renovada esperaba la llegada de nuevos propietarios; allí, el incesante movimiento de esclavos demostró la preocupación de todos porque todo fuera a satisfacción del actual amo y su familia.

Marcus Vinicius, notable general de Roma, había recibido esas tierras de manos del propio Emperador, como recompensa por sus últimas conquistas en tierras palestinas y principalmente por la captura de un gran número de esclavos, que eran escasos, tanto en Roma como en la ciudades caídas bajo su dominio.

Celebrado por su valentía ante los desafíos y los objetivos que se proponía alcanzar, Marcus era visto por algunos patricios casi como una deidad, lo que también le proporcionaba otros privilegios, como la fortuna y la admiración de las familias más respetadas de Roma. Muchos lo consideraron uno de los mayores responsables de la fortaleza del Imperio, debido a su valentía y las siempre exitosas maniobras militares que dirigió.

Sin embargo, aunque consciente de sus cualidades, Marcus Vinicius tenía los más puros sentimientos de amor y devoción por el Emperador, y especialmente por Roma. Y es sobre esta base que, para él, a muchos de sus compatriotas se les debería impedir llamarse *ciudadanos romanos*, ya que, al no ser portadores de este modo de sentir, carecían de la responsabilidad que tales palabras implican en el mantenimiento y bienestar de una nación.

Por eso, no solo entre quienes lo rodeaban, sino también entre quienes lo conocieron solo por lo que oyeron de él, dos reacciones características se alternaron con el recuerdo de su nombre: por un lado, estaban quienes admiraban sus logros y el sentimientos que lo impulsaron; por el otro, aquellos que le temían y se consideraban amenazados por esos mismos logros y, sobre todo, por estos sentimientos.

Capítulo I

Al escuchar a los caballos acercarse, Mirabel y su marido Josafá se apresuraron a ponerse a disposición de su amo, junto con los demás esclavos. Todos sintieron que sus corazones latían salvajemente, debido al miedo que los dominaba.

En unos minutos, frente al gran balcón, rodeado de palmeras por todos lados y de bellas fuentes de las que brotaba agua pura y cristalina, se alzaba un hermoso animal adornado con todos los arreos propios de un semental, llevando sobre su lomo a un hombre de tez oscura, más intensa y luminosa por el Sol brillante de ese día, y con el pelo tan negro como el pelaje del pura sangre que lo había llevado allí. Sus hombros grandes y fuertes sostenían una armadura pesada, un componente de su uniforme de general, del que no podía prescindir ni siquiera cuando no estaba en viajes militares.

Grandes, pero no tan fuertes, sus ojos parecían chocar con el conjunto: a pesar de las espesas cejas que cubrían parte de su frente, una mirada dulce y brillante hacía posible percibir toda la sensibilidad de aquella alma.

Como para completar esta sutileza, la nariz afilada terminaba en una cúpula finamente dibujada, con labios rojos y suaves, haciendo predecir cuán delicadas serían las palabras que podría pronunciar.

Esa era la figura física de Marcus Vinicius, la cual era muy distinta de la imagen militar que se le atribuía.

En presencia de aquel hombre, los esclavos se sentían como niños hasta entonces asustados por historias imaginarias, porque él, ahora frente a ellos, no se parecía en nada al temible y triunfante general de la poderosa Roma.

Aun así, nadie se atrevería a interrumpir el grave silencio que se había producido tan pronto como todos los animales fueron desmontados.

Después de mirar ampliamente a lo largo de toda la propiedad, Marcus finalmente se volvió hacia ellos y, dejando que su sonrisa mostrara una hilera de dientes perfectos y muy blancos, dijo simplemente:

– Muy bien, ¿quién es el responsable de todo esto aquí?

Un poco tembloroso, Josafá dio un paso adelante, manteniendo los ojos y la cabeza inclinados hacia el suelo.

– ¿Y cómo te llamas? – Preguntó impresionado por la actitud disciplinaria del esclavo, quien se abstenía de decir nada a menos que se lo preguntaran directamente.

– Mi nombre es Josafá, señor.

– Cierto, así que repasemos rápidamente las presentaciones, porque estoy agotado por el viaje y necesito descansar. Díganme solo los que atienden directamente en la casa, dejando a los demás para después.

–¡Por supuesto, señor! – Respondió el esclavo, apresurándose

– Tenemos aquí a mi esposa Mirabel y a mi hija Sarah, que servirán a la señora Cornélia, ayudando en el cuidado de la pequeña Rosa y también en las tareas del hogar.

Dirigiéndose entonces a las dos mujeres que estaban a su lado, Marcus casi no pudo ocultar su sorpresa al ver a una joven tan hermosa entre los servicios, al lado de una dama que la tomaba de la mano, con el celo afectuoso de su madre. En dos pasos se paró junto a ellas, haciendo que lo miraran.

El azul que encontró en los ojos de Sarah le hizo pensar que estaba mirando una pequeña franja de cielo, en un día soleado; la piel clara y aterciopelada de la joven hacía que resaltaran más, mientras un mechón dorado de cabello sedoso caía sobre su rostro.

– ¿Cuántos años tienes? – Preguntó, esforzándose por no quedar demasiado impresionado por aquella joven.

– Veinte años – respondió ella, todavía mirando a los ojos de su amo.

Entonces Marcus se volvió hacia un sirviente que permaneció en silencio a su lado y le dijo:

– Justa, acompáñalas hasta las habitaciones de la señora Cornélia y Rosa, y revisa que todo esté en orden para recibirlas.

Con solo un gesto, aceptó las palabras de su señor y siguió a las dos. Al verlas desaparecer detrás de las cortinas que decoraban la entrada de la casa, Marcus volvió a centrar su atención en Josafá, que esperaba autorización para continuar.

– Continúa – ordenó, aun más apurado porque todo terminara.

– Estos son los hermanos Ariel y David. Nacieron en estas tierras y fueron criados por los antiguos propietarios desde niños, ya que su madre murió al dar a luz y su padre era el administrador antes de su nacimiento.

– ¿Y dónde está el ahora?

– Murió hace unos meses.

– Y los muchachos, ¿por qué no se fueron con la familia patricia que los crio?

– Bueno, señor, es qué...

Hubo un silencio repentino, pero Josafá supo que debía decirle al nuevo señor todo lo que pudiera. Entonces, después de unos momentos, continuó:

– Es que uno de los hijos de nuestros antiguos amos estaba muy interesado en mi hija, que estaba comprometida con Ariel desde hacía algunos años. Incapaz de soportar la determinación de sus padres de mantener su compromiso, el joven comenzó a insistir en que regresaran a Roma y los dejaran aquí, en lugar de celebrar la boda para que ambos pudieran acompañarlos.

– Y el otro, ¿por qué no fue?

– De hecho, señor, como para vengarse que Ariel lastimara a su hermano, el muchacho convenció a su madre que los dos debían permanecer juntos; y, a pesar de tener muchas ganas de irse, David no pudo remover a la señora de la influencia de su hijo.

– Está bien. Pero si vivieron como patricios, ¿cuán útiles me serán aquí en el trato con la tierra?

– Mire, señor – dijo Josafá, algo angustiado –, sé que para trabajar la tierra no servirán de mucho; sin embargo, saben leer y escribir y conocen la música como nadie, haciendo la lira en sus manos en armonía con los ángeles. Además, podrán ayudar con las tareas del hogar o atenderlo directamente en sus habitaciones.

– ¡Olvídalo! – Afirmó categóricamente el general – Nunca tendré esclavos para mi uso personal.

Y, pasándose la mano por el cabello algo empolvado, añadió:

– Que se queden en las dependencias de servicio de la casa, ya que si vivieran con los patricios debieron haber aprendido algo que les será útil en la administración de la casa. Mañana Cornélia decidirá qué hacer al respecto.

– Está bien, señor – respondió Josafá con alivio.

– Ahora – concluyó Marcus, deseando liberarse de esa formalidad – puedes irte y proporcionar alojamiento a los soldados y cuidar de los caballos.

– Sí, señor, inmediatamente – dijo Josafá, saliendo corriendo y llevándose consigo a los demás esclavos.

Después de verlos irse, Marcus caminó hacia una de las fuentes que había allí y sumergió su cabeza en sus aguas, ya que sintió como si hubiera un gran fuego ardiendo en su interior.

Luego, se acostó sobre los cojines, que estaban a un lado de la casa, y dejó que su mente buscara la imagen de Sarah. Ante este recuerdo, una fuerte impresión se apoderó de él, haciéndole decirse:

– Nunca había visto una joven tan hermosa... ¡Tienes suerte de estar recluida en estas colinas, ya que muchos hombres pagarían tu peso en oro por tenerte!

Y, como si tuviera miedo de terminar ese pensamiento, se levantó y entró a la nueva residencia a descansar.

Habían pasado algunas horas desde su llegada, cuando uno de sus soldados despertó apresuradamente a Marcus.

– ¡Perdón señor por molestarlo, pero tenemos problemas!

– ¿Qué pasó?

– Uno de los soldados que escolta a doña Cornélia acaba de llegar al galope, informándonos que después que salimos del campamento, una fuerte fiebre azotó a la pequeña Rosa, impidiéndole continuar su viaje como lo ordenó el señor.

– ¿Y dónde están ahora? – Preguntó el general angustiado, ya que su hija era la razón de su vida.

– Los llevaron a una pequeña propiedad en las afueras del campamento, donde un hombre los acogió para que pudieran tratar mejor a la niña.

– ¡Así que vayamos allí!

– Este es nuestro mayor problema.

–¿Cómo?

El otro guardó silencio unos instantes y luego concluyó, avergonzado:

– Es que al soldado también le atacó la fiebre y, tan pronto como entregó el mensaje, perdió el conocimiento.

En cualquier caso, decidí avisarle inmediatamente.

Con el corazón apesadumbrado, Marcus se fue rápidamente hacia el cuartel de los soldados. La noticia que recibió allí exigía que lo apoyaran para no caer: el soldado estaba muerto.

Como si una nube oscura pesara sobre su cabeza, el general se liberó de las manos que lo sujetaban y caminó hacia donde habían sido recogidos los caballos.

Josafá, que estaba observando todo, lo siguió, rogando a los soldados que lo detuvieran, ya que sería imposible hacer nada a esa hora, al caer la noche; además, los caballos estaban muy cansados.

Solo gracias a la interferencia de algunos de sus hombres Marcus accedió a esperar el amanecer para ir en busca de su hija. Y aun así, solo después que Josafá afirmó saber dónde podían encontrar a la niña – a pesar de lo poco que había dicho el soldado, pensó que era muy probable que ella estuviera en casa de Absalum, un anciano que vivía solo por aquellos lugares desde hacía mucho tiempo.

Poco se sabía de él, comentó Josafá sin entrar en detalles, pero afirmó con convicción

- Ya había oído que hacía milagros.

Sin hacer caso de esas palabras, Marcus se retiró a sus habitaciones, pero no pudo descansar ni un solo momento esa noche. Y, en cuanto el sol asomó sus primeras luces en el horizonte, se dispuso a salir en busca de su hija. Fue entonces cuando vio que alguien llamaba:

– Señor, por favor, necesito hablar con usted.

Esa voz le pareció familiar y corrió hacia la entrada de sus habitaciones, donde encontró a Sarah.

– ¿Qué pasó? – Preguntó, encontrando extraña su presencia allí.

– Nada señor, solo quería decirle algo.

– Sí, dime, ¿qué quieres?

Después de una breve vacilación, afirmó con determinación:

– Señor, sé que puedo ser castigada, pero me gustaría desearle un buen viaje. ¡Que Dios te proteja y permita que toda tu familia se encuentre bien!

Los ojos del general se llenaron de lágrimas, que, en ese momento, parecieron hablar más que palabras al corazón de Sarah, quien se fue apresuradamente y regresó para unirse a los demás esclavos en la cocina.

Lo que ambos no se habían dado cuenta era que alguien más había estado allí todo el tiempo y había sido testigo de lo que había sucedido entre el general y el joven esclavo.

Capítulo II

Los soldados que lo acompañarían en ese mañana ya lo estaban esperando. Entre ellos, Josafá también estaba esperando órdenes, ya que sería el guía hasta la casa de Absalum. Sin más demora, Marcus tomó su lugar al frente de los hombres, y en pocos minutos estaban camino a esos lugares.

Después de unas horas de cabalgar bajo el fuerte Sol, Josafá finalmente anunció:

– ¡Esta es la casa de Absalum, señor!

Señaló al oeste de la colina en la que se encontraban y vio una pequeña casa a lo lejos. Marcus inmediatamente bajó al galope, seguido de cerca por sus soldados, y solo Josafá cerraba la retaguardia.

Dado el ruido de los caballos, no haría falta anunciarlos. Entonces, apenas terminaron de bajar el cerro, vieron abrirse la puerta de la casa y, en medio de un ligero humo, apareció un hombre.

Este, vistiendo una túnica que le cubría los hombros, descalzo, mostraba en la blancura de su barba y cabello los largos años de su existencia.

A pesar de estar algo sorprendido por lo que vio, Marcus desmontó sin poder ocultar su preocupación. Por eso, comenzó a decir mientras se acercaba a aquel hombre:

– Mi señor, lamento haber invadido su propiedad, pero...

En ese momento, una sencilla sonrisa apareció en los labios del gentil anciano, mientras sus manos se extendían en una fraternal invitación para que entrara a su humilde hogar.

Marcus no solo entendió esa actitud, sintió el cariño con el que allí fue recibido, incluso le pareció que ya había sido esperado por ese hombre. Pero, al recordar a Rosa, desvió su atención de todo y se apresuró a entrar a la pequeña casa.

Mientras se acercaba a la puerta que permanecía abierta a su espera, se sorprendió con las palabras del anciano:

– Hijo mío, bienvenido hoy y siempre a este humilde hogar. Sin embargo, te ruego que dejes tu espada aquí afuera.

El general dudó un rato antes de acceder a aquel pedido, hasta que la ansiedad de reencontrarse con su hija le hizo aflojar la hebilla que sujetaba su cinturón y que sujetaba su espada, dejándola en un rincón, en las escaleras que conducían al interior de la casa sencilla.

¡Qué sorpresa se llevó cuando, al entrar, vio soldados tirados en el suelo por todos lados! Todos se detuvieron a dormir, mientras algo ardía en una pequeña estufa, produciendo un humo de fuerte olor.

Dando la impresión de leer en sus ojos las dudas que lo asaltaban, Absalum aclaró con calma:

– Todos están enfermos, por eso los traje aquí, para poder tratarlos. El resto, que no tenía fiebre, se refugió en el pequeño pueblo de pescadores cercano.

– ¿Y mi hija? – Preguntó Marcus, aun más angustiado.

En ese momento, la niña apareció detrás de una gruesa cortina, que conducía a otra habitación de la casa.

– Querido padre, ¡qué maravilla que hayas venido a buscarnos!

Marcus no pudo contener las lágrimas que aparecieron en sus ojos, y ante la dificultad que encontró para moverse, esperó a que Rosa llegara hasta él, evitando con cuidado a cada soldado que yacía allí. Cuando llegó hasta él, se arrojó en sus brazos, abrazándolo y besando su rostro con extremo cariño, mientras escuchaba de su padre:

– Querida hija… amor de mi vida, ¡qué bendición verte con buena salud! Que Dios…

En ese momento el general guardó silencio, temiendo que alguien pudiera haberlo escuchado decir eso, y sus ojos rápidamente escanearon la habitación, para asegurarse que todos estuvieran dormidos.

Sin embargo, se enfrentó a la mirada firme, y sobre todo amorosa, que Absalum posó sobre él y escuchó con cariño y respeto de labios del mayor:

– ¡Alabado sea Dios, hoy y siempre, por su misericordia para con todos nosotros, sus hijos!

Marcus, sin decir nada, asintió levemente con la cabeza, haciendo que una sonrisa de alegría apareciera en los labios de su anfitrión y benefactor de su pequeña amada.

Fue entonces cuando escuchó que alguien llamaba a la niña y reconoció la voz de su esposa.

–¡Cornélia! ¿Dónde está ella?

– En mi habitación – respondió Absalum, y continuó con cautela –, pero me gustaría hablar contigo antes de ir a verla.

Respondiendo al llamado, Rosa abandonó sus brazos paternos y regresó con su amada madre, mientras su padre esperaba en silencio que el anciano le dijera lo que quería.

– Lamento informarle que su esposa se encuentra gravemente enferma, y no es aconsejable que se la lleve de aquí en estos momentos.

– ¿Cómo así? – Preguntó Marcus, ahora preocupado por la salud de su compañera.

– Es que la señora ya presenta, además de fiebre, mucha tos y dificultad para respirar, lo mismo sucede con algunos de los soldados.

– Te refieres a...

No pudo pronunciar las palabras mientras deducía por sí mismo lo que significaban.

– Sí, hijo mío. No queda más que hacer que tratar de aliviar tu dolor y orar a Dios por su alma, y también por la de todos nuestros hermanos que se encuentran en la misma situación.

Sintiendo como si le hubieran levantado el suelo bajo sus pies y viéndose rodeado de gente enferma por todos lados, Marcus quiso salir de allí. Sin embargo, se detuvo al recordar que Rosa había regresado con su madre.

– ¡Mi hija!

– Tranquilo, porque ella no tiene nada, y no corre peligro.

– ¿Cómo puedes decir eso con tanta confianza? ¿Eres doctor...? ¿O algún tipo de mago?

– Ni una cosa ni la otra.

El anciano empezó a responder con la misma serenidad de antes, y completó:

– ¡Soy simplemente un hombre, hijo de Dios, que como tú busca vivir dentro de lo que cree que es la verdad, incluso ante su poca comprensión. Sin embargo, no le temo y sé que no necesito ocultarla, porque es esta verdad la que me sostiene y fortalece, dándome la vida para buscar comprenderla cada día un poco más, y así construir la fe plena en mí!

Marcus se sintió profundamente conmovido por esas palabras. A pesar de entenderlos, le costaba aceptarlas plenamente en ese momento, pues el orgullo aun le impedía ser honesto consigo mismo y con el mayor, quien intentaba iluminarlo con las fuerzas de su propio corazón.

Al notar su dificultad para encontrar las palabras que buscaba para justificarse, Absalum afirmó con benevolencia:

– Dejemos este tema para un momento después.

Es oportuno, que Dios nos prepare, y vayamos al cuarto, para llevar el consuelo necesario a nuestra hermana.

Con su miedo ahora superado por las sabias palabras del anciano, que parecían aun resonar en sus oídos, Marcus lo siguió sin decir nada y al entrar a la pequeña habitación, encontró a su joven esposa recostada sobre una cama cubierta con telas muy blancas, que daban fe no solo de la sencillez del lugar, sino también de toda su limpieza. Rosa, la dueña de su madre, habló en voz baja:

– ¡Ven, padre, porque mi madre te estaba esperando, como yo!

Cornélia abrió los ojos y cayeron algunas lágrimas que mojaron su rostro, que estaba algo sonrojado por la fiebre, que no había disminuido desde la noche anterior. Sus labios intentaron decir algo, pero se lo impidió el violento y lento ataque de tos que había comenzado de nuevo.

Absalum vio cuánto impresionaba esto a la pequeña Rosa y la llamó afectuosamente:

– Es hora de volver a preparar la medicina de tu madre. Ven conmigo, porque tu ayuda es valiosa.

Una hermosa sonrisa iluminó su rostro antes asustada cuando le dijo a su madre:

– Descansa, mientras voy con el señor Absalum a prepararte la medicina. Y no te preocupes, no tardaré.

Y cuando guardó silencio, la besó dulcemente en la mejilla. Al verlos irse, Cornélia extendió su mano hacia su marido, quien respondió a su llamada y se arrodilló a su lado. Luego, tratando de imponer firmeza en su voz, empezó:

– En cuanto estés mejor, haré los arreglos para que te vayas a casa.

Aunque las lágrimas todavía brotaban de sus ojos, una sonrisa apareció en los labios de la esposa, iluminando un poco su rostro demacrado, debido a la gravedad de la enfermedad.

Cornélia era todavía muy joven, pero a pesar de su corta edad - veintitrés años -, se esforzaba por tener cierta madurez. Con una forma de pensar muy singular, buscaba demostrar confianza en cualquier situación. Entonces, como era su costumbre, dijo con toda la serenidad que pudo imprimir las palabras:

– No intentes engañarme como a un niño. Sé que este es un momento serio y creo que estoy preparado para ello.

Marcus quiso silenciarla, pero fue en vano que puso su mano en sus labios; la sacó y entrelazó las suyas, sin dejar de decir lo que quería:

– No te preocupes por mí, porque estaré bien cuando todo esto termine. Lo único que te pido es que cuides nuestra pequeña flor, con el amor y cariño con el que lo hemos hecho hasta ahora. Cultívala como un jardín, que debe crecer y florecer. ¡Y por favor, que no se olvide de mí ni del amor que le tengo y le tendré siempre, esté donde esté!

Dos lágrimas cayeron de los ojos de Marcus sin que este pudiera evitarlas. Ella volvió a sonreír y continuó:

– Lo mismo se aplica a ti, que siempre has sido un buen esposo y padre, y en este último papel no es necesario que haga más recomendaciones. Sin embargo, espero que puedas rehacer tu vida, tan pronto como encuentres a la persona que crees que es capaz de amarte y aceptarte tal como eres, como nuestra hija.

– Será difícil, tal vez incluso imposible, encontrar a alguien que me acepte y me entienda como tú.

– ¡No digas eso! Eres un hombre bueno y decidido a cumplir con tus deberes. Por lo tanto, no será difícil para cualquier mujer apoyarte para que hagas lo correcto.

En ese momento el general se puso de pie al ver a Absalum regresar con Rosa, trayendo una bebida que pronto fue ingerida por Cornélia, debido al gran alivio que le produjo.

El anciano, al notar el silencio que reinaba en el ambiente, como si todavía hubiera algo que decir, invitó nuevamente a Rosa:

– Vamos, niña, porque dadas tus habilidades para lidiar con quienes necesitan ayuda, tu ayuda con los soldados es fundamental. Después de todo, hay demasiados para poder cuidar de ellos yo solo.

Rosa rápidamente abandonó su asiento junto a su madre, diciendo con satisfacción:

– Sé exactamente cómo debemos cuidar a los enfermos. Así que no me demoraré y cuando terminemos, volveré a verte.

Luego siguió a Absalum, para cumplir con alegría esta tarea.

Capítulo III

El general permaneció en silencio, reflexionando sobre el pasado, en esos breves momentos.

Cornélia no era una mujer que hubiera despertado en él un gran amor. Sin embargo, ella siempre había sido la esposa ideal, comprensiva y tierna en todo momento. Él, a su vez, había sido un hombre reservado con pocos amigos desde que dejó la casa de sus padres para unirse al ejército romano; y nunca había pensado en casarse, desde que su principal preocupación era la carrera militar.

Fue de esta manera que, al darse cuenta de su falta de atención a la importancia de crear un hogar, su padre decidió hacerse cargo del asunto, concertando un matrimonio entre Cornélia y él con un colega en el Senado y también un viejo amigo del familia, tan pronto como regresó, ya como funcionario en Roma.

Como era un hijo dócil y respetaba los deseos de su padre, ya no se opondría a esta guía. Sin embargo, desde el día en que la conoció, se había propuesto ser lo más franco posible con su futura esposa. Durante los meses previos a esa unión, todas las noches él la visitaba para poder hablar y conocerse mejor.

En ese momento, como compartiendo aquellas reminiscencias, Cornélia lo llamó a la realidad, y comenzó:

– ¿Recuerdas la noche que caminábamos por los jardines de la casa de mi padre, donde me contaste esa hermosa historia sobre el Hijo de Dios que estaría en el mundo para salvarnos?

Los ojos de Marcus brillaron intensamente y, arrodillándose nuevamente junto a la cama de su esposa, tomó sus manos mientras decía con cierta gravedad en su voz:

– ¡Cornélia, no es solo una bonita historia!

Y sintiendo que su corazón latía con agitación, guardó silencio por un momento. Poco después prosiguió, o con más serenidad:

– Sé que no puedo hacerle entender todo esto. Sin embargo, desearía que mi certeza pudiera fortalecerte con esperanza, como me pasó a mí.

Acarició el rostro de su marido, y buscó con la mano la enorme cicatriz que recorría desde detrás de su oreja izquierda hasta debajo del cuello, diciéndole con cariño:

– Sé que lo que dices es verdad; si no, sería imposible que estuvieras aquí. Y esta cicatriz es la prueba.

Marcus retiró la mano de su esposa de su cuello y la besó tiernamente. Luego concluyó:

– No puedes imaginar cuánto me reconfortan tus palabras, porque no podría vivir sin ser comprendido por alguien, especialmente si ese alguien no eras tú. Después de todo, ¿dónde más podría buscar un hombre encontrar un refugio seguro para su corazón, excepto dentro de tu propia casa, con la mujer que eligió como esposa y amiga?

Los ojos de Cornélia se iluminaron aun más, y una sonrisa apareció en sus labios, reflejando la paz y el amor que aquellas palabras hacían vibrar en su ser. Todavía envuelta por la emoción, preguntó como un niño que se dispone a dormir:

– Cuéntame esa historia otra vez, cuéntame cómo pasó todo.

– Bueno, ya lo sabes todo.

Y trató de argumentar, preocupado por la salud de su esposa:

– Lo mejor que puedes hacer ahora es descansar, para que te recuperes más rápido.

– ¡Por favor! Me gustaría escuchar, aunque sea una vez más, todo esto de tus labios. Al final...

Ella guardó silencio y, como si supiera que su marido había comprendido esa interrupción, esperó a que respondiera a su pedido.

Luego Marcus se levantó y caminó hacia la ventana desde donde se podía observar una pequeña porción del mar; como si los rayos del Sol allí reflejados ahora también iluminaran su mente, comenzó:

– Yo era todavía muy joven, quizá dieciocho o diecinueve años, y poco tiempo antes me había alistado en el ejército. Debido al buen nombre de mi familia, y particularmente a mis habilidades con las armas, desde el principio fui asignado a la guardia personal del Emperador. Habían pasado unos días desde que me hice cargo de mi puesto, y un viaje repentino a Egipto nos hizo abandonar Roma a toda prisa. Ante la situación, el Emperador renunció a una escolta completa, utilizando únicamente a los buenos hombres en los que confiaba para salir.

Respiró hondo y continuó:

– En dos días estábamos en camino, con solo veinte hombres en la escolta, bien armados, cierto, pero pocos, sin duda, para hacer un viaje tan largo como ese, atravesando mar y desierto. Y así quedó demostrado cuando, una noche, nuestro campamento fue atacado por unos asaltantes que, al ver el pequeño grupo, nunca habrían pensado que estaban ante el máximo poder del Imperio Romano. Sin embargo, su vida fue salvada por la valentía de aquellos hombres, que eran pocos pero muy fieles, porque si no lo hubieran enganchado al caballo y expulsado del campamento, el Emperador no habría vivido para ver nacer a su sucesor.

Y, mirando a su esposa, la escuchó animarlo a seguir adelante:

– Sí, y mientras él se fue luchaste valientemente.

Sonrió levemente ante el tono casi infantil de aquellas palabras, y luego continuó:

– No solo yo. Todos los soldados lucharon valientemente. Sin embargo, fuimos masacrados por esos hombres y no recuerdo exactamente qué pasó con cada uno de nosotros. Solo sé que escuché gritos de dolor y que uno a uno los soldados iban cayendo en la pelea, hasta que yo también caí bajo este golpe, que sin duda debió ser fatal. Pero no fue así y ya sabes por qué.

– Sí, lo sé... – asintió Cornélia en medio de la audiencia.

- Tengo un ataque de tos, aun así, quiero escuchar cada detalle de tus labios.

– ¡Necesitas descansar! – Él insistió.

– Por favor, cuéntame.

Al darse cuenta que no podría disuadirla de este deseo, Marcus reanudó la narración:

– Unos días después, cuando desperté, estaba en palacio siendo atendido por médicos y sacerdotes. Todos decían que me sería imposible sobrevivir, y solo uno, Naktaf, insistió y ordenó que me trataran con toda la atención que el caso requería. Recuerdo que cuando abrí los ojos, todos los que estaban cerca de mí atendiendo mis heridas, salieron a llamarlo, pues nadie parecía creer que una vez más había tenido razón, diciendo que yo no moriría.

– Y entonces Naktaf vino a tu encuentro.

– Sí. Se acercó a mí y, a diferencia de los demás, parecía más un sirviente, ya que no llevaba ninguna ropa ni adorno especial. Solo vestía una túnica muy blanca y una faja alrededor de su cintura. Me examinó atentamente y solo después de quitarme todas las vendas que quedaban en mi cuerpo y ungirme con un aceite de olor muy fuerte, me dijo sus primeras palabras:

"¡Bienvenido a casa, hijo mío! ¡Espero que este regreso sea el comienzo de una nueva vida para ti!"

Marcus sintió esas palabras resonar en sus oídos nuevamente, haciendo que todo su cuerpo vibrara con la fuerte emoción que despertaban en él. Aun así, continuó:

– Luego me abrazó, como si me conociera desde hacía mucho tiempo, y concluyó:

"Esperemos hasta que te recuperes por completo, para que podamos hablar de todo lo que necesitas saber."

– Algo confundido por todo, y aun muy débil, no pude pronunciar una sola palabra mientras él se alejaba, dejándome al cuidado de un joven que luego supe que era su aprendiz – quien no tardaría en convertirse en su sucesor, cuando regresara a su ciudad de origen, ya que hacía tiempo que estaba relevado de sus funciones; de sus servicios en el palacio.

– Pero no se había ido porque estaba allí, esperándote.

Sonrió suavemente, pero una lágrima llorosa persistió en traicionarlo en la alegría que intentaba mostrar. Y, con la voz entrecortada por la emoción, alcanzó a decir:

– Según tus palabras, días después, eso fue exactamente lo que pasó...

Capítulo IV

Después de una breve pausa, Marcus caminó hasta la cama de su esposa, se sentó a su lado y comenzó de nuevo:

– Solo cuando pude salir de esas habitaciones para recibir el homenaje del Emperador, en representación también de los soldados que habían fallecido esa noche, Naktaf me invitó a una conversación privada. Acepté rápidamente, como si la estuviera esperando. Luego continuamos hasta una habitación donde, a través de un pasaje subterráneo y con solo unas pocas antorchas para iluminar nuestro camino, bajamos a una pequeña habitación y nos sentamos sobre piedras toscas.

– ¿Y el agua que bebiste? – Interrumpió Cornélia, no queriendo que su marido olvide ningún detalle.

– Claro. Antes de comenzar la conversación, él elevó las manos y en oración; pidió bendiciones para nosotros y para que pudiera entender lo que tenía que decirme. Luego extendió las manos sobre una jarra de agua, que estaba en una de las rocas frente a él, y luego colocó un poco en mi cabeza, haciendo también que bebiese una pequeña cantidad que había colocado en su mano. Como te dije otras veces, no sabía por qué estaba allí, pero en mi corazón sentía que debía seguir esas instrucciones.

– Sí, lo sé, querido – asintió ella, conmovida.

Ahora Marcus no quiso interrumpir la narración, sino que la reanudó con un nuevo brillo en los ojos:

– Es indescriptible la sensación que invadió todo mi ser en ese momento, el amor que sentí solo encuentra alguna similitud en nuestra realidad cuando nació la pequeña Rosa. Aun así, supera infinitamente incluso lo que experimentamos con nuestra niña.

Y, tras un profundo suspiro, continuó:

– Cuando terminó, Naktaf se sentó tranquilamente a mi lado y empezó a explicarme:

"Sé que para la razón de un soldado romano todo esto es muy extraño y, tal vez, incluso una herejía ante los dioses de sus padres. Sin embargo, Marcus, desde que llegaste a este palacio, traído por manos de compañeros, traté de hablar con tu corazón y es solo a él a quien debo informar, de todo lo que oirás."

- Cerró los ojos por un momento y, como buscando algo en sus recuerdos, comenzó a narrar los siguientes hechos:

"Ha pasado algún tiempo desde que vimos la señal de los cielos, anunciando la llegada del Mesías. Por lo tanto, yo y algunos de nuestros hermanos, esperábamos su regreso a estas tierras en el momento oportuno, para comenzar también nuestra tarea."

– Al notar mi confusión, me sirvió un poco más de agua; y con cada sorbo me parecía ver claramente sus palabras transformadas en imágenes ante mis ojos.

– Sí, viste la estrella.

Confirmó la intervención de Cornélia con tono firme:

– Eso mismo. Vi en el cielo una noche, ya desaparecida desde hacía algún tiempo, una gran estrella que parecía recorrer toda la Tierra para mostrarse, como si muchos la estuvieran esperando afuera y necesitaran verla llegar esa noche. Entonces vi a una joven muy hermosa, con un candor angelical que se expresaba en cada línea de su rostro. También había un hombre algo aprensivo, pero que tenía en su corazón un deseo tan firme de hacer lo mejor que podía, que se notaba que era un padre sumamente cariñoso y preocupado con ese momento y con el futuro de su hijo.

– Y la joven ¿qué te hizo darte cuenta que era celosa?

Marcus mostró una sencilla sonrisa al escuchar esa pregunta, respondiendo con ternura:

– Dado el brillo de sus ojos y la fuerza con la que latía su corazón, cuando en esa imagen apareció un niño, al cual acunaba contra su pecho, es imposible e innecesario intentar hacer algún comentario. Después de todo, toda mujer se vuelve un poco divina cuando tiene un hijo. ¡Ella se convierte en Madre!

– ¿Y el niño...? – Preguntó finalmente Cornélia, entre lágrimas.

Sintiéndose nuevamente envuelto por las mismas vibraciones de ese día, Marcus respondió, aun más conmovido:

– Ah... y lo que me hace sentir Su imagen es indescriptible cuando recuerdo ese cuadro. Una luz intensa parecía emanar de todo Su cuerpo, pero no lastimaba nuestros ojos ni nos hacía apartarlos. Al contrario, su brillantez nos atrajo aun más hacia Él, cautivando nuestra atención y haciendo vibrar nuestros mejores sentimientos. Era como si a su lado nuestros fracasos y errores se volvieran insignificantes, desapareciendo ante el amor y la bondad que de Él emanaba.

– Y fue solo un bebé... – dijo simplemente.

Tras estas palabras, ambos guardaron silencio por un momento, entregado a sus pensamientos, hasta que Marcus, como si fuera llevado a la realidad, reanudó con cierta melancolía:

– Han pasado tantos años y hoy debe ser un hombre, si es que todavía está vivo.

– ¡Pero claro que lo está! – Dijo Cornélia convencida, como si hubiera adquirido nuevas fortalezas de esa conversación.

Intentó reflexionar, a pesar de la tristeza que sentía al decir aquello:

– Me gustaría tener esta misma certeza, porque, por lo que me dijo Naktaf, tanto antes como después de Su nacimiento, a pesar de la larga espera de muchos por Su venida, muchos también serían los que Lo persiguieron y quisieron impedirle cumplir su misión de amor.

– Aun así, Marcus, ¡mi corazón me dice que Él está vivo y que en algún lugar y de alguna manera está cumpliendo Su misión!

Hizo una breve pausa y luego continuó:

– Así como pasó contigo esa noche, hoy también escucharé a mi corazón y quiero preguntarte algo.

– Sí, haz lo que quieras – respondió fijando la mirada en su esposa.

– Sé que no tendré mucho tiempo, pero lo único que lamento es no haber visto al Mesías en persona. Sin embargo, tengo en mi corazón el consuelo que necesito en este momento, con solo saber que Él existe y que está entre nosotros.

Otro ataque de tos hizo que Cornélia se detuviera, mientras Marcus rápidamente le ofreció un poco más de la bebida que Absalum y su hija habían dejado junto a la cama.

Después de unos momentos, sintiéndose mejor y al darse cuenta que su marido la observaba atentamente, formuló su petición:

– Como te dije, tengo esta consoladora bendición en mi corazón. Pero te pedimos que lo busques y, cuando lo encuentres, lleves a Rosa para recibir esa luz que viste brillar de Él y que tanto nos fortalece. Deseo que nuestra hija pueda tener en su alma estos sublimes sentimientos de amor y paz que Él nos concede. Tal como me siento ahora, solo porque estoy hablando de Él...

Una vez cumplido el pedido, sin que se dieran cuenta, hubo un profundo silencio durante los largos minutos en los que ambos parecieron estar rodeados de mucha luz. Era como si nueva brisa de vida soplase ahora, renovando la energía del lugar y de todos los presentes.

Cornélia se sintió muy renovada. Al mismo tiempo, una intensa somnolencia le hizo dejarse llevar brevemente al mundo de los sueños. Marcus acarició su rostro con ternura, sintiendo su corazón llenarse de paz. Su deseo era partir inmediatamente para cumplir el deseo de su esposa, que sabía que también era el suyo.

Después de unos minutos de contemplación de la joven compañera, que ya dormía tranquila y serenamente el sueño de los justos, se levantó y fue en busca de Absalum.

Necesitaban hablar de su esposa y del soldados afectados por esa triste enfermedad.

Sin embargo, al entrar a la pequeña habitación donde momentos antes todos parecían al borde de la muerte, sin que se pudiera hacer cualquier cosa para cambiar esa situación, se sorprendió al ver que muchos de sus hombres ya estaban de pie, mientras que otros luchaban por lograr este objetivo.

Al notar su presencia, algunos soldados intentaron presentarse en la formación adecuada. Con un gesto rápido y con la voz entrecortada por la emoción, los interrumpió:

– Pónganse cómodos. ¡Olvídense de las formalidades y ayuden a sus compañeros!

Todos obedecieron inmediatamente, y el movimiento que allí se inició fue grande. En ese momento Absalum regresó al interior de su casa, dejando a Rosa ocupada con los pequeños animales que vivían en el patio trasero; y, ante aquella escena, una amplia sonrisa se posó en sus labios, mientras sus ojos se llenaban de lágrimas.

Al no ser visto allí, salió nuevamente en silencio, dirigiéndose hacia un frondoso árbol, donde se arrodilló y oró en agradecimiento a Dios por su misericordia hacia aquellos hombres, que poco antes se encontraban sufriendo y a punto de cruzar el valle de la muerte. Envuelto en su oración, Absalum no advirtió el acercamiento de Marcus, quien, repasando en la actitud del anciano viejas escenas vividas con Naktaf, se conmovió por la amorosa reverencia de su amigo que le había enseñado a orar a Dios de todo y de todos. De él aprendió que era en esos momentos de oración que, además de creer escuchar a Dios más de cerca, también podía escucharlo en su corazón, lo que hacía que su alma y su cuerpo experimentaran los sentimientos más sublimes.

Ninguno de los dos supo decir cuánto tiempo permaneció allí el general, de pie, pero al terminar sus oraciones, al notar su presencia, Absalum habló con alegría:

– Siempre que es posible, el Padre contesta nuestras oraciones según el deseo de nuestra alma; sin embargo, solo lo hace cuando es para el beneficio real de quienes lo piden y de todos los que pueden verse influenciados por ello.

Marcus no pudo medir la profundidad de esa enseñanza, expresada en tan pocas palabras. Aun así, aceptó humildemente:

– Es verdad. Lástima que lo había olvidado.

– ¡No lo olvidaste! – Exclamó categóricamente el anciano -. Simplemente no practicaste lo que aprendiste.

El general esbozó una pálida sonrisa, sin poder decir nada que lo justificara ante aquella afirmación, tan tajante y fiel a su conciencia.

Al darse cuenta de su vergüenza, Absalum dijo caritativamente:

– No te preocupes, porque Dios sigue a tu lado y escuchándote. Solo tú te privaste de sentir lo mismo.

Marcus quería decir algo, pero su voz parecía atascada en su garganta.

Luego el anciano continuó amablemente:

– Dios está siempre presente en nuestras vidas. Pero, y especialmente durante las horas, en el cumplimiento de nuestros deberes y de la profesión que abrazamos, ante las dificultades y decisiones por tomar, Él nos anima a crecer y podemos sentir aun más su presencia; después de todo, el Padre quiere que Sus hijos crezcan en comprensión y sabiduría, en compasión y amor.

El general sintió entonces que se le llenaban los ojos de lágrimas y dijo con entusiasmo:

– Y quiere que todos seamos libres. ¡Sin embargo, encarcelo y esclavizo a mis hermanos!

El dolor que transmitía cada una de esas palabras era inmenso, y esperó ansioso el discurso de Absalum, quien seguía mirándolo suavemente.

Capítulo V

Respetando el desahogo de Marcus, que hacía hecho mucho tiempo lo tenía contenido en su pecho, Absalum le tocó el hombro y lo invitó a sentarse a la sombra de aquel árbol.

Al verlo lo más cómodo posible, después de un largo y profundo suspiro dijo:

– Intento imaginar lo difícil que debe ser para ti continuar desempeñando tus funciones, después de haber recibido la verdad en tu corazón.

El general no dijo nada y se entregó a llorar.

Ante esto, continuó complacido:

– Hijo mío, no puedo decir qué caminos has tomado hasta la fecha, pero sé que por alguna razón uno de ellos te trajo a mi humilde hogar, donde fuimos agraciados una vez más con la misericordia de Dios, para beneficio de tu familia y también tus seres queridos soldados.

Marcus levantó la mirada y la fijó en los ojos del anciano, quien continuó:

– ¡Sin embargo, en todos estos años de mi vida, y por la bondad de Nuestro Padre ya me ha permitido comprobar, puedo decirles que eres un hijo muy amado y que Dios espera que regreses a tu hogar paterno!

Hubo un breve silencio y, como si temiera ser mal interpretado, Absalum intentó ser más amable en sus palabras, intentando no parecer un juez ante su oyente:

– Hijo mío, no creas que traigo ninguna verdad ni ninguna autoridad para hacerme tu censor. Sin embargo, como te dije, por la bondad de Dios he podido ser testigo de muchas cosas, y he visto que el llamado y la presencia de Nuestro Padre se intensifica aun más ante el dolor y la dificultad. Y siempre, hijo mío, cada vez que pude comprender Su voluntad, me di cuenta de cuánto mayor es la evidencia de Su amor y de Su ayuda en estos momentos, cuando sus hijos le permiten actuar en sus vidas.

En ese momento, cuando las lágrimas ya no caían de sus ojos, y sintiéndose casi recuperado de la opresión que tenía en el pecho, Marcus dijo con voz aun temblorosa:

– Sé lo que intentas decirme, y puedo decir que también he podido reconocer la presencia de Dios y el bien que me hace cuando me permito recibir ayuda y guía de Él. Sin embargo, es ante esta inmensa bondad que se vuelve aun más difícil recibir tantas bendiciones, sabiendo que ni siquiera soy digno de ser considerado Su hijo, ¡por todo lo que hago contra Su voluntad y Su amor!

– No digas eso, porque si Nuestro Padre te permite seguir actuando, aunque aparentemente de manera contraria a Sus leyes, es porque sabe que te verá transformado lo antes posible.

– No entiendo. ¿Qué quieres decirme? – Preguntó el general, aunque conmovido por las palabras del anciano, quien respondió prontamente:

– Verás, sabemos que ningún fruto debe recogerse prematuramente, ya que esto lo inutiliza para el consumo y provoca que sea abandonado en el suelo, sin cumplir su función prevista. Por otro lado, si nos empeñamos en consumirlo, las consecuencias de nuestra imprudencia también serán desastrosas.

– Sí, pero ¿dónde encajo yo en esto?

– Hijo mío, todo tiene su momento adecuado para ser sembrado, cultivado y cosechado. Nuestras actitudes, nuestro crecimiento, nuestro aprendizaje, nada, entiéndelo bien, nada puede ni debe ser apresurado, ya que debemos seguir siempre las leyes de Dios que rigen la evolución de todas las cosas. Por lo tanto, el ejemplo del fruto que usé nos queda perfecto, ya que nosotros también somos parte de la naturaleza divina.

Absalum esperó unos momentos antes de continuar:

– Verás, muchacho, de las semillas que hay en tu corazón, incluso podemos encontrar algunas que ya están brotando, y muchas otras que incluso están floreciendo. Sin embargo, la uniformidad entre todas ellas no es completa, dado que la unión de tus pensamientos y sentimientos todavía no se corresponde con tus actitudes, por muy meritorias o excusables que sean, si se atribuyen a un soldado que cumple con su deber.

– Ahora entiendo lo que intentas decirme. Solo que, todavía no tengo el coraje de cambiar todo esto, pero sé que debería...

– No, hijo mío, esto no es lo que Dios, Nuestro Padre, espera de ti.

El general quedó sorprendido por aquella afirmación, pero no hubo necesidad de hacer ninguna pregunta, pues el anciano amorosamente continuó con la explicación:

– Lo que Dios quiere de todos nosotros es mucho esfuerzo: crear una mayor comprensión de las cosas, para que seamos mejores, lo que nos llevará a hacer el bien a todos los que nos rodean, de forma natural.

– Sí, lo entiendo.

– Bueno, continuó Absalum –, por eso Él no nos impone grandes transformaciones, solo porque nuestra razón ya lo conoce. Lo que Dios espera de nosotros es sencillez en las pequeñas actitudes, que demuestren el conocimiento de su presencia en nosotros y en nuestra vida, poco a poco, según el desarrollo de nuestra capacidad de comprender su voluntad.

– ¿Y cómo se puede lograr esto? Después de todo, nadie ha podido responderme a esa pregunta hasta la fecha.

– Esto ya es parte de la respuesta.

– No entiendo lo que eso significa.

– Ninguna palabra de nadie responderá a tus preguntas, ya que todo esto debe estar en tu corazón.

Como si regresara al pasado, Marcus pareció escuchar...

Vuelven las palabras de Naktaf:

"¡Solo tu corazón! ¡Escucha tu corazón!"

Momentos después, dijo con tristeza:

– Eso ya me lo dijo un amigo. Pero ¿cómo puedo escuchar a mi corazón cuando mi razón me acusa de mis acciones, en las que sé que estoy cometiendo un grave error?

– Es porque estás tratando de arrancar la fruta aun verde.

– ¿Qué quieres decir? – Insistió Marcus, queriendo desde el fondo de su alma entender.

– Es que el hecho de conocer la verdad también te hace capaz de comprender que es casi imposible vivir correctamente según la conciencia, sino en contra de las exigencias e intereses del mundo.

– Cuéntame más sobre esto, por favor.

– Bueno, para vivir como crees que es mejor, sabes que es necesario cambiar otras actitudes, tanto antes como después de esta decisión, así como asumir las consecuencias que dichos cambios puedan traerte a ti y a todos los que amas.

Después de un profundo suspiro, Absalum fijó su mirada iluminada en los ojos del general y concluyó:

– Hijo mío, por eso tenemos tiempo para madurar. Este es el momento en que Dios espera que unamos nuestro corazón y nuestra razón para actuar en el momento oportuno y de la manera correcta, para que no perdamos el fruto de nuestro trabajo y la oportunidad de nuestra vida. Si sabes que debes cambiar, según tu corazón, estudia, examina todo y busca el mejor momento y la forma más adecuada para hacerlo, porque Dios es todo paciencia y amor para con nosotros. En el huerto divino cada uno de nosotros es un fruto predilecto, y Él ha reservado la eternidad para que estemos debidamente preparados.

El candor de aquellas palabras silenció las dudas y la ansiedad del general, quien, envuelto por una paz indescriptible, permaneció allí un rato más.

Mientras tanto, el anciano regresó a su casa, donde sabía que sus invitados lo esperaban para comunicarles la feliz mejoría de todos.

Capítulo VI

Poco después Marcus fue traído a la realidad por el llamado feliz de su pequeña Rosa. Al verla correr hacia él, abrió sus amorosos brazos para recibirla contra su pecho, donde su corazón aun latía irregularmente a la luz de las últimas emociones que había experimentado allí.

– ¡Papá, ven a ver qué pasó! – Dijo la niña, entre sonrisas.

– ¿Qué fue, mi princesa, que te hizo tan feliz? – Preguntó, envuelto por la energía de su hija.

No hubo tiempo para que ella respondiera, porque, incluso desde donde estaban, era exasperante la vista de la pequeña casa de Absalum, de donde comenzaron a salir: todos los soldados y finalmente Cornélia se fueron, caminando como si nada hubiera sufrido en esos dos días...

Una amplia sonrisa se dibujó en sus labios y, mientras algunas lágrimas caían de sus ojos, levantó la mirada al cielo y oró en agradecimiento al Padre, no solo por recibir de regreso a su familia y a sus soldados, sino principalmente por sentir un nuevo calor intenso revivir su alma. Hacía algún tiempo que no podía sentir ese pulso de fe viva que fortalece su corazón e ilumina su razón.

Luego, sintiendo que su hija lo arrastraba en dirección a la pequeña casa, Marcus se dejó llevar al encuentro de todos; y al acercarse, ya daba muestras de su madurez, al saludar a los soldados, uno a uno, con un fuerte y cálido abrazo.

Cornélia también parecía compartir ese deseo de transformación real, buscando demostrar lo feliz y agradecida que estaba por todo lo sucedido en aquella casa. Por lo tanto, se acercó a Absalum, diciéndole con cariño y respeto:

– Señor, no sé cómo explicar el milagro que ocurrió en nuestros cuerpos y en nuestras almas. Sin embargo, quiero que sepas que estaré eternamente agradecida por todo y, si me lo permites, me gustaría volver algún día aquí, para que puedas ayudarme a entender todo lo que necesito, ya que siento que este momento es de gran ayuda y gran importancia para mí.

El anciano sonrió generosamente ante aquel corazón, que se le abrió con sinceridad, y respondió pensativo:

– Ven, hija mía, cuando quieras. ¡Y sepan que, como esta casa, también el corazón de Dios, Nuestro Padre, está siempre abierto a todos los que desean volver!

Si la esposa del general no comprendió del todo el significado de aquellas palabras, su alma asimiló cada sentimiento que despertaban en ella. Fue con el corazón lleno de felicidad que besó la mano del anciano mientras se despedía con gratitud.

Marcus tampoco tuvo reparos en abrazar afectuosamente a su nuevo amigo. Y ante el suave contacto de aquel hombre humilde en bienes, pero rico en sabiduría y bondad, no pudo derramar unas lágrimas al despedirse:

– Gracias por comprenderme tanto y por toda la ayuda que nos brindaste a mí, a mi familia y a mis soldados.

– No hay necesidad de agradecer, hijo mío, simplemente estoy practicando lo que te compartí hace unos momentos.

– ¿Cómo así?

– Es simple. Como ya te dije, después de tantos años en los que Nuestro Padre me permitió verlo en muchas situaciones y en todos mis hermanos en el camino, ya no soy yo.

Es posible no reconocer a un hermano que también busca. Por eso, esta casa, como mi corazón, es y será siempre, cuando Él lo permita, un lugar de ayuda y refrigerio para quien viene aquí y llama.

Las manos de aquellos hombres se estrecharon firmemente, entrelazando no solo sus energías y sentimientos de amor y buenos deseos, sino también sus almas, en una demostración clara y cierta para ambos que se reencontrarían en ese mismo camino.

Como resultado, durante el viaje a casa, Marcus no pudo evitar reflexionar sobre todo lo que había vivido y oído allí, junto a Absalum.

Así, con la mente y el corazón trabajando al máximo para revivir cada impresión que llevaba a lo más profundo de su alma, se dejó guiar por las diversas imágenes que ahora aparecían en su memoria.

Se volvió a ver en una de las tantas conversaciones que tuvo con Naktaf sobre este Dios Padre de amor y misericordia, y el porqué de las promesas de la venida de su Hijo al mundo, para ayudar a los hombres en su camino de transformación: acción y crecimiento.

Recordó que la imagen que había conservado de sí mismo en aquellos días era la de un niño ciego que, rodeado de mucho cariño y bondad, empezó a ver la luz y todo lo maravilloso que esta puede traer. Le parecía que se dedicaba nuevamente a la oración: en compañía de su amigo, y podía sentir su presencia, así como toda la emoción de cada palabra que le venía a la mente.

Vislumbró la hermosa puesta de Sol que se producía detrás de las colinas de Jope, que ya se presentaban a su vista, y continuó con las reminiscencias.

Se dejó llevar por recuerdos más detallados de su regreso a Roma, y se vio blanco de comentarios de sus antiguos compañeros, soldados como él, que afirmaban notar en él una gran diferencia desde su regreso de Egipto. También sabía que ese había sido uno de los motivos de su nombramiento para ocupar el cargo de general, ya que el Emperador era un hombre un tanto supersticioso, lo consideraba una señal de los dioses que aun estaba vivo, después de todo lo que le había pasado. Sin embargo, en ese momento, la imagen de su hogar apareció frente a él; y el deseo de llegar lo más pronto posible le hizo posponer otros recuerdos que luego tal vez le ayudarían a comprender lo que significaron en su vida todos esos hechos y personas especiales.

Capítulo VII

Cornélia se bajó de la litera, ayudada por su marido y también por Rosa, quien no la había abandonado ni un solo momento durante todo el viaje, siguiendo las instrucciones de Absalum sobre el cuidado que aun debía tener con su madre y la administración de sus hierbas, para que ella tuviera un viaje tranquilo hasta Jope.

Dadas las tribulaciones que habían experimentado, Marcus prefirió que los sirvientes que estaban allí para recibirlos regresaran a sus tareas, posponiendo los trámites para el día siguiente, y dejando a Josafá encargado de cuidar a sus soldados.

Posteriormente acompañó a su esposa e hija a sus habitaciones, se sentó, seguido en silencio por Justa y Mirabel, y solo cuando las vio descansando se retiró a su habitación.

Luego, después de lavarse y tomar una comida ligera, retiró entre sus pertenencias varios papiros con notas que recibió de Naktaf, cuando aun estaba en Egipto, y comenzó a leer las enseñanzas allí registradas. Sin que se diera cuenta, se sintió nuevamente fortalecido, e incluso su cansancio había desaparecido con esa lectura.

Marcus permaneció dedicado a meditar y tomar notas hasta que al escuchar un leve ruido en la habitación de al lado, se dio cuenta que ya había salido el Sol de un nuevo día.

Dejando sus registros por unos instantes, se dirigió a una pequeña habitación donde encontró a Sarah, quien le trajo una bandeja con frutas y una jarra de agua fresca, creyendo que aun dormía, debido al cansancio del viaje.

Al verla, una alegría agradecida invadió su corazón. Y, aunque siempre había sido un hombre discreto en sus manifestaciones emocionales, deseaba poder compartir un poco de todo con ella.

Sarah; sin embargo, al verle acercarse, le hizo detenerse con un pequeño gesto.

– ¡Perdón señor si lo desperté! – Dijo, tratando de no mostrar su preocupación por esa actitud.

Avergonzado por la situación, no supo qué decir, al darse cuenta del error que su gesto había causado a la joven; parecía actuar impulsado por sentimientos o, mejor aun, por instintos que también le provocaban mucha repulsión.

Después de unos momentos de silencio, ella se calmó amablemente:

– Sé que estos viajes agotadores acaban perturbando nuestro equilibrio; Además, está toda la preocupación por la que pasó con su hija y su esposa. Pero estoy segura que pronto estará completamente renovado.

Cuando la vio preparándose para salir de la habitación, Marcus supo que no podía dejarla salir cargando esa falsa impresión de lo que había sucedido allí. Por eso argumentó:

– Lo siento, Sarah. A pesar de la impresión que tienes que pudo haber provocado mi actitud, afirmo que mi intención era otra. Sé que es difícil hacerme creer, porque, si no todos, al menos la mayoría de los hombres actuarían contigo con otros pensamientos y deseos. Sin embargo, juro que lo que me acercó más a ti fue un sentimiento que espero que pueda quedar claro, porque es algo intenso y puro, libre de cualquier connotación menos digna.

Y ante la mirada sorprendida de la joven, concluyó:

– Por eso, una vez más quiero disculparme por este error y decir que no fue mi intención ofenderte ni faltarte el respeto a ti, ni a mi hogar y familia, ¡que son sagrados para mí!

Sintiendo la honestidad en esas palabras, Sarah sonrió, porque no se sentiría decepcionada de su señor.

Poco después, volvió a hablar con sinceridad:

– Sé que nuestros corazones se entienden, aunque nuestra razón no pueda seguirlos. Pero siempre debemos recordar el respeto que debemos tenernos unos a otros.

Ella permaneció en silencio, ansiosa por escucharlo. Sin embargo, fueron interrumpidos por la entrada de Rosa, quien corrió hacia su padre. Al ver a su hija, se inclinó para recibirla en sus brazos y, volviéndose de nuevo hacia la joven, dijo:

– Este niño y todas las demás personas con las que vivimos y para con quien tenemos grandes compromisos son y deben ser siempre la mayor razón para que busquemos rodear nuestros corazones de pureza y bondad. Solo así podremos escucharlos. De lo contrario, todo lo que nos diga puede ser fruto de ilusiones y sentimientos malsanos, destinados a confundir nuestra alma y nublar nuestra razón.

Sarah dobló ligeramente las rodillas y bajó la mirada al suelo. Luego se fue con el corazón tranquilo y feliz. Y, de camino a la cocina, meditó las palabras de su señor.

Sabía que en los últimos años, aunque quería mucho a sus padres, no podía negar que el compromiso que asumieron de unirla a Ariel los estaba separando un poco cada día.

Como había dicho su señor, entendió que debía respetarlos y esforzarse en cumplir sus órdenes. Sin embargo, se encontró en un conflicto, pues su alma y su corazón no parecían tener este entendimiento, ya que, a pesar de ver a Ariel como un buen hombre y un amigo leal, esa unión impuesta la contradecía mucho.

Entonces, retomó sus tareas sabiendo que todavía tenía mucho en qué pensar.

Luego que su hija interrumpiera su conversación con Sarah, Marcus comenzó a brindarle toda la atención, que la pequeña pedía sin reservas.

Poco después ambos acudieron a los aposentos de Cornélia, donde pidieron que les sirvieran la comida, como querían estar juntos ese primer día en su nuevo hogar. Mientras comían, Rosa le contó a su madre lo de los juegos que había dicho con su padre momentos antes, mencionando con naturalidad que había encontrado una hermosa esclava en su habitación.

Cornélia estaba asombrada. Además de no querer que nadie le sirviera en privado, incluso si fuera un hombre, Marcus nunca permitiría que un sirviente entrara a sus habitaciones cuando él estaba allí, por ningún motivo. Al notar la sorpresa de su esposa, no tardó en dar sus explicaciones:

– Bueno, Cornélia – comenzó con la firmeza y el tono de voz que lo caracterizaban –, debido al mal tiempo que tuvimos a nuestra llegada, no me fue posible determinar las reglas de la casa para los sirvientes. Por eso la joven a la que se refería Rosa estaba en mis habitaciones, para traerme agua y fruta. Pero espero que, lo antes posible, responda a mi petición aquí.

La esposa sonrió, satisfecha con sus palabras, y asintió pensativamente:

– Puedes dejarlo, cariño. Hoy me haré cargo de la administración de la casa y avisaré a los sirvientes para que cumplan tu deseo.

– ¿Cuál es tu deseo, padre? – Preguntó Rosa, que quería participar en la conversación.

Marcus suspiró, buscando dentro de sí las mejores palabras para responderle a su hija. Después de unos momentos, al darse cuenta que no había otros términos que pudieras traducir sin tus sentimientos, dijo:

– Verás, Rosa, aunque amo y sirvo a Roma con todas las fuerzas de mi corazón, no puedo dejar de cumplir, al menos en la medida de lo posible, lo que este mismo corazón pide.

– ¿Y qué pide, papá? ¡Di lo que tu corazón te pide! – Insistió la niña, ahora aun más curiosa.

– ¡Mi corazón me pide, hija, que ningún hombre ni mujer, niño o anciano sirva a tu padre ni a nadie en una relación amo-esclavo! Que quien pueda o quiera servir a alguien lo haga por cariño y dedicación, o bien mediante una retribución justa por los servicios prestados.

Un profundo silencio los envolvió tras sus últimas palabras sobre ese tema, que lo conmovieron mucho.

Tras breves momentos de reflexión, Rosa retomó la conversación con calma:

– Estoy de acuerdo contigo, papá. No hay nada más justo que todos reciban un pago por su trabajo.

Y luego preguntó, explicando sus ideas:

– ¿Por qué no le sugieres esto al Emperador? Después de todo, si el amo que lucha por Roma y que le trae tantos esclavos busca vivir sin ellos, ¿por qué otros no pueden hacer lo mismo?

Marcus miró a su esposa un poco asustado. Ella le devolvió la mirada con la misma intensidad de sentimiento, sin poder decir nada. Mientras tanto la niña insistía:

– ¿Vas a hablar con el Emperador o no?

Desde el fondo de su alma, Marcus quería poder decir sí a su hija, porque cada una de esas palabras, nacidas en la pureza de su corazón de niña, reflejaba plenamente su deseo, sofocado por todos esos años de servicio a Roma.

Sin embargo, como sacado de un mundo de sueños, respondió sin convicción:

– A ver, hija mía. Veamos si puedo conseguir una audiencia con el Emperador para sugerirle tu idea.

– ¡Mía no, tuya! Aunque a partir de ahora podemos decir nuestra, porque te apoyo.

Y volviéndose hacia su madre, le dijo:

– ¡Por eso no quiero que más sirvientes me cuiden!

Dirigiéndose nuevamente a su padre, dijo:

– Incluso podrás liberar a Justa y Mirabel.

Marcus, aun más sorprendido por el coraje y la determinación final de Rosa, se sintió avergonzado delante de sí mismo, al darse cuenta que su deseo y su creencia en eso no se manifestaban en la práctica, ya que sería la primera vez que liberaría a un esclavo de su casa, si aceptaba la sugerencia de su querida hija.

Fue entonces cuando Cornélia intervino con cariño:

– Rosa, tu padre no puede actuar tan precipitadamente. Después de todo, es visto como un hombre de honor y un ejemplo de ciudadano romano.

– ¡Excelente! – dijo la niña, más feliz con esas palabras.

Luego, para su sorpresa y cerrando el asunto, aclaró:

– Como eres tan bien considerado, será más fácil hacer que sigan tu ejemplo. Sin duda esto es mejor que programar una audiencia con el Emperador, lo cual sé que puede llevar mucho tiempo...

Capítulo VIII

El día había sido tranquilo en toda la propiedad, pero Josafá caminaba por la habitación un poco angustiado.

Al notar la actitud abatida de su marido, Mirabel lo llamó para conversar un poco, sentándose en el pequeño balcón que rodeaba su humilde habitación. Visiblemente molesto, se tomó unos momentos para aceptar la sugerencia de su esposa. Sin embargo, al verla con la mano extendida, ya sentada en un pequeño tronco que le servía de banco y con una leve sonrisa en los labios, respondió sin más demora a ese gesto cariñoso de su acompañante.

Teniendo a su marido a su lado, Mirabel fue directa al grano, sin perder la delicadeza de sus gestos y palabras. Acariciando su cabello que había caído sobre su regazo, donde había recostado su cabeza, cansada de pensar en todo lo que estaba pasando y lo que aun podría venir, la mujer preguntó:

– ¿Qué pasó que te puso tan aprensivo? No te había visto así en años.

Después de un largo suspiro, Josafá respondió con cariño y respeto:

– Tienes razón. Hacía mucho tiempo que no sentía que el miedo pesase sobre mí.

–¿De qué estás hablando? – Insistió ante esa respuesta.

– Llevamos mucho tiempo una vida tranquila y sencilla en estos lares. Sin embargo, siento que esto puede estar llegando a su fin.

– ¿Por qué dices eso?

Pensó unos instantes y respondió:

– Ayer, mientras esperaba las órdenes de nuestro señor para regresar, me quedé con los soldados en el pueblo de pescadores. Muchos de ellos se sentían libres para descansar, mientras que otros se entregaban a conversaciones banales e improductivas. Sin embargo, había un pequeño grupo que se reunió en una mesa de la posada donde estábamos, y por alguna razón llamó mi atención, haciéndome escabullirme por los rincones del establecimiento en un intento de escuchar lo que decían.

– ¿Y qué escuchaste? – Preguntó Mirabel, con cierto tono de desaprobación ante la actitud de su marido.

– Bueno, al principio no imaginé que se referían a nuestro señor, porque era tanta la falta de respeto hacia la persona de la que hablaban que nunca pude pensar en esa posibilidad. ¡Pero cuál fue mi sorpresa cuando otro soldado entró en la posada y se unió al grupo, diciendo que había llegado de la casa de Absalum, donde los enfermos - incluido él -, habían sido curados milagrosamente! Luego, en tono irónico, informó que el general en ese momento estaba manteniendo una conversación privada con el anciano, lo que hizo que las risas y las bromas sobre él aumentaran aun más.

– ¿Y qué más escuchaste que te impresionó tanto? Por la forma en que lo veo preocupado, sé que no puede ser solo una falta de respeto o un insulto a los soldados.

– Es verdad, cariño.

Después de un breve silencio volvió a la narración, ahora en un tono de voz más suave, temiendo que algo de lo dicho allí fuera escuchado por otra persona.

– Los soldados dijeron que no era la primera vez que sucedían cosas extrañas involucrando al general. Relataron un hecho ocurrido hace muchos años en Egipto, donde casi muere junto con el Emperador, y aseguraron que hasta el día de hoy nadie puede explicar cómo pudo sobrevivir al golpe que casi lo mata. Dijeron que podía tratarse de una obra de magia, porque permaneció recluido en palacio con un sacerdote y solo reapareció en Roma meses después, sin hablar con nadie de lo que había hecho durante el tiempo que pasó allí.

– ¿Y qué hay más en eso? – Preguntó Mirabel, sin entender el alcance de aquellas palabras.

– Afirmaron que su comportamiento era diferente, y que después algunos de sus extraños hábitos se volvieron más constantes.

– ¿Y qué hábitos son estos? – Preguntó con miedo.

– Además de lo que ya hemos oído de él – que nunca tuvo esclavos que le sirvieran personalmente –, los soldados dijeron que nunca trajo nada para él ni para nadie, en las ciudades saqueadas durante los combates, controlaba siempre todo lo recogido después de las victorias, para asegurarse que fuera obedecido. Y más: que advirtió a sus subordinados que no hicieran prisioneros a mujeres y niños; y que si esto sucedía, durante el viaje de regreso a Roma se produjeron varias fugas y nadie podía mencionarlas a otros superiores o soldados, ya que cualquiera que se atreviera sería arrestado por traición al Emperador y responsable de las fugas.

Los ojos de Mirabel se llenaron de lágrimas mientras decía con la voz casi perdida en la garganta:

– ¡Bendito sea Dios!

– ¡No digas eso, mujer! – Josafá tapó los labios de su esposa con la mano –. ¿Quieres que seamos castigados?

– No claro que no. Pero para mí, como mujer y madre, y que fui arrestada por soldados romanos, ¿sabes lo que significa lo que acabas de decir?

El arrebato de Mirabel caló hondo en el corazón de Josafá, quien la abrazó con amor y cariño, antes de responder:

– Me imagino, querida, me imagino. Pero ahora cálmate, o llamaremos la atención de alguien y entonces no podré contarte el resto de lo que escuché.

Suspiró profundamente y, secándose las lágrimas que insistían en caer, por lo que aun le provocaban aquellos tristes recuerdos, esperó hasta que su marido retomó el relato.

Solo después de un tiempo, al ver a la esposa más tranquila, Josafá empezó de nuevo:

– Bien, los soldados también dijeron que tras el matrimonio del general, algunos comentarios maliciosos sobre él disminuyeron, pero su forma de actuar no cambió en absoluto en relación a ellos y a las prohibiciones que involucraban a quienes estaban bajo sus órdenes. Prohibiciones que iban desde lo que les dije sobre los prisioneros de guerra y los productos del saqueo hasta la presencia de esclavas entre las tropas y también beber durante los períodos de servicio.

– Pero eso es genial – comentó Mirabel, admirada.

– Sí, para mí y para ti puede serlo. Para aquellos soldados no, porque me di cuenta que estaban al borde de una revuelta contra nuestro señor. Y dejaron esto de lado cuando volvieron a referirse a él, enfatizando que ya habían perdido mucho dinero con Roma y que, además, ni siquiera les permitían divertirse con mujeres y beber.

Suspiró y, más preocupado, dijo:

– Uno de ellos incluso comentó que, si no fuera por el problema con la familia del general, habría desafiado sus órdenes ayer, porque había encontrado aquí una hermosa esclava que valdría la vida, de ser necesario, por tenerla.

Mirabel sintió que el corazón le latía con fuerza dentro del pecho cuando pensaba en su hija. Pero, antes que tuviera tiempo de decir algo, escucharon pasos que se acercaban, lo que hizo que ambos se levantaran rápidamente, viendo aparecer una figura en la oscuridad.

Esperaron unos momentos hasta que estuviste un poco más cerca y luego se dieron cuenta que era Ariel quien llegó buscando a Sarah.

Josafá se apresuró a recibir al muchacho y, con los brazos abiertos, dijo casi en un susurro:

– ¡Qué maravilla verte, hijo mío! Ciertamente fue Dios quien te envió aquí en este momento.

Por palabras del padre de su prometida, notó que algo no iba bien y preguntó preocupado:

– ¿Qué pasó con Sarah?

– Nada, hijo mío, nada... – respondió Josafá sin mucho convencimiento –. Sin embargo, necesitamos hablar con cierta urgencia y tu presencia aquí fue sin duda providencial para nosotros.

Mirabel miró aprensivamente a su marido, pues podía intuir en sus palabras lo que eso podía significar; y consciente que era la opinión de su hija respecto a ese compromiso, intentó posponer la conversación.

– Ahora, Josafá, no preocupemos a Ariel con nuestras suposiciones. Estoy seguro que vino aquí para ver a nuestra hija y no para escuchar nuestros lamentos.

– Pero... – intentó en vano argumentar, a lo que la esposa continuó:

– Vamos querido, llamemos a Sarah, mientras Josafá espera aquí mi regreso. ¿De acuerdo?

Dado el tono de la pregunta, aunque de mala gana asintió:

– Está bien.

Al notar que algo no iba bien, pero no queriendo crear una situación difícil entre los padres de su prometida, Ariel aceptó la invitación de Mirabel, quien luego de tocar levemente la puerta de la habitación de su hija, entró con cuidado, pues creía que Sarah ya estaba dormida.

Sorprendida al ver que no había nadie allí, inmediatamente recordó la conversación momentos antes, y el temor que algo pudiera dañar a su hija la hizo llamar a su marido.

Ante esos gritos, Josafá corrió al encuentro de su esposa, empujando a Ariel lejos de la puerta para poder entrar.

– Sarah, no está en la habitación. ¡Ve a buscarla antes que ese soldado la encuentre!

– ¿Soldado? ¿Qué soldado?– preguntó Ariel, sin saber lo que eso significaba.

Como si no hubiera escuchado al muchacho, Josafá insistió a su esposa:

– Cálmate, así puedo salir a buscarla.

Entonces Ariel dijo, con la voz un poco temblorosa al imaginar lo que estaba pasando:

– Voy a buscar a Sarah.

Tan pronto como se encontró afuera, se detuvo por unos momentos, ya que su corazón se negaba a creer que esto pudiera suceder.

Volviendo en sí, Ariel se dirigió rápidamente a la casa de su amo, donde al encontrar todo oscuro, confirmó que todos ya se habían retirado a dormir.

Luego buscó en los jardines, esperando no tener que ir al cuartel de los soldados. Después de todo, sabía que si eso fuera necesario no habría nada que pudiera hacer para ayudar a Sarah, ya que lo peor ya podría haber pasado...

Ante este pensamiento, un escalofrío recorrió su cuerpo y, por mucho que luchó contra ese sentimiento, una cierta aversión hacia la joven surgió en su corazón, llevándolo a interrumpir la búsqueda por unos instantes.

Sintiéndose ahora inseguro, tomó el camino que lo llevaría al alojamiento y, aunque la razón le decía que continuara, un fuerte dolor en el pecho lo oprimió haciéndole preguntarse:

– ¿No es mejor esperar el regreso de Sarah, sin exponerme y sufrir aun más la humillación de verla con un soldado romano?

Inmerso en este pensamiento, vio a David, quien regresando del paseo que había dado todas las noches antes de retirarse, venía en dirección al alojamiento de los soldados. Su corazón se llenó aun más de vergüenza, porque creía que su hermano ya sabía todo lo que pensaba que estaba pasando.

Sorprendido de ver a Ariel allí, David no pudo ocultar la preocupación:

– ¿Qué estás haciendo aquí...?

Suponiendo que era una confirmación de sus sospechas, Ariel sintió que su corazón se aceleraba dentro de su pecho, le faltaban las piernas en ese momento y terminó perdiendo el conocimiento.

David corrió en ayuda de su hermano y, levantándolo del suelo, lo llevó a la habitación, donde lo cuidó.

Solo un tiempo después Ariel volvió en sí, sintiendo algo de dolor y todavía un poco confundida.

¡El único recuerdo claro que tenía de todo lo sucedido era que su prometida estaba con un soldado!

Capítulo IX

Impaciente por el retraso de su futuro yerno, Josafá decidió ir también a buscar a su hija.

Al contrario de Ariel, se dirigió primero al cuartel de los soldados, donde, aliviado, encontró solo al centinela, junto a una fogata, mientras los demás dormían. Aun así, pensó que era necesario asegurarse que ese silencio no hubiera ocurrido hacía apenas unos minutos.

Por eso, se acercó al soldado y trató de averiguar qué quería:

– Buenas noches señor.

La respuesta reveló extrañeza por su presencia:

– Buenas noches, Josafá, pero ¿qué haces aquí a esta hora?

– Nada. Simplemente pensé que tal vez necesitarían algo y decidí comprobarlo antes de acostarme.

– ¡Te lo agradezco, pero lo que necesitamos tú no lo puedes proporcionar! – Afirmó el soldado con cierta ironía.

– Bueno, si me dices qué es, tal vez pueda arreglarlo.

Josafá sintió que el corazón le latía con fuerza en el pecho y se le formaba un nudo en la garganta. Aun así, se controló mientras esperaba la respuesta del soldado.

– Sería muy lindo que nos trajeras vino y algunas esclavas para pasar la noche.

Luego añadió rápidamente:

– Si el general escucha nuestro chiste, estaremos a punto de pasar unos días en prisión.

Con alivio, Josafá murmuró:

– No me digas... ¿Es tan austero?

– Sí, y requiere mucha disciplina. Entonces es bueno que regreses a tu habitación. Además mis compañeros se fueron a dormir hace mucho tiempo; si nos quedamos aquí hablando y despertamos a alguien, estaremos en problemas.

– Ah, sí, señor.

Josafá estuvo de acuerdo y se alejó con el corazón más tranquilo, regresando también para tranquilizar a su esposa.

Sin embargo, al llegar la encontró discutiendo con su hija. Aunque sabía que no había hecho lo correcto al escabullirse, Sarah tenía miedo de decirles a sus padres dónde y con quién había estado, para no crear un malentendido aun mayor. Por eso, luego de afirmar que acababa de ir a tomar un poco de aire, permaneció en silencio, mientras su madre desahogaba sus miedos e inquietudes.

En ese momento Josafá entró en la pequeña habitación, provocando que Mirabel se detuviera.

Al verlo, Sarah supo lo que se merecía y permaneció con la mirada puesta en el suelo, en señal de respeto al padre. Él; sin embargo, estaba demasiado cansado para prolongar la situación esa noche y simplemente dijo:

– Ve a tu habitación y no salgas de allí mañana, hasta que yo llegue a casa. Tu madre se encargará que tu ausencia no se note en la casa del amo.

Sarah cumplió las órdenes de su padre y se retiró a su habitación, donde dejó correr las lágrimas. Su llanto era triste y doloroso, y sabía que para calmar su dolor tendría que provocárselo a sus padres, a quienes quería mucho.

A la mañana siguiente, el Sol ya estaba alto cuando despertó. Todavía se sentía cansada, ya que había pasado parte de la noche despierta, pensando en todo lo que estaba pasando en todo lo que estaba sucediendo, así como en la conversación que había tenido con su señor.

Entonces oyó tocar la puerta y, al ver entrar a su madre, su palidez la sorprendió. No tuvo tiempo de decir nada antes de empezar a llorar. Asustada, se levantó y abrazó a su madre, preguntándole preocupada:

– ¿Qué pasó?

Mirabel no pudo contener las lágrimas para hablar, lo que la hizo insistir, aun más nerviosa:

– Dime lo que pasó. ¿Fue algo con mi padre?

- ¿Algún problema con eso?

Ante la insistencia de su hija, ella simplemente respondió con un gesto negativo.

Al comprender que su madre necesitaba calmarse, explicarle el motivo de su desesperación, Sarah se sentó con ella y esperó unos momentos. Solo entonces Mirabel comenzó diciendo amargamente:

– Sarah, todavía no ha habido nada con tu padre. Sin embargo, cuando regrese de sus deberes y descubra lo que pasó, seguramente la decepción que entra no le hará nada bien.

– Pero ¿qué le vas a decir a mi padre que es tan serio que se decepcionará tanto?

La pregunta estaba llena de angustia por el sufrimiento de su madre y ella esperaba ansiosa una respuesta, que no tardó en llegar.

– Ariel acaba de salir con el permiso del general, después de decirle que él y David son hombres libres.

Sarah se sorprendió al escuchar eso, sin imaginar lo que se avecinaba. Fue entonces cuando su madre continuó:

– Y dijo que nunca podría casarse con una mujer que había cedido a las promesas de otro hombre, incluso si fuera un soldado romano… ¡como hiciste tú anoche!

Al escuchar eso, Sarah se quedó sin aliento, mientras el fuerte vértigo le impedía pensar con suficiente claridad como para poder decir algo en su defensa, ante tal absurdo. Solo una frase se le escapó casi en un susurro entre sus labios, antes de perder el conocimiento:

– ¿Qué hice…?

Al escuchar eso, Mirabel se sintió invadida por la desesperación y, a pesar de ver a su hija desmayada en la cama, no pudo contenerse y la abofeteó con todo el vigor que ese dolor le había traído, al mismo tiempo que decía en un explosión:

– ¡¿Cómo puedes hacer esto, causándonos tanto dolor y angustia a nosotros, tus padres, que tanto te queremos y que te hemos cuidado toda tu vida?! ¿Cómo puedes dejarte seducir por las promesas de estos soldados, que solo tienen en mente divertirse con las esclavas? ¿Dónde nos equivocamos contigo? ¿Dónde?

Mirabel sintió todo su cuerpo como entumecido, y la fuerza con la que comenzó a sacudir a su hija, que aun estaba inconsciente, pareció hacer que sus manos se sintieran más entumecidas.

En ese momento, un repentino dolor en la cabeza la hizo callar, obligándola a arrodillarse junto a la cama, donde Sarah ahora estaba inerte. Poco a poco su visión comenzó a nublarse, como si fuertes luces cayeran sobre sus ojos, y ella también se desmayó lentamente, allí al lado de su hija.

Capítulo X

Algún tiempo después de la partida de Ariel y David, los demás sirvientes de la casa notaron la ausencia de Mirabel y Sarah, quienes ni siquiera se habían presentado ese día para encontrarse con la señora Cornélia y recibir sus primeras órdenes.

Por lo tanto, uno de ellos fue a buscar a ambas y, al encontrarlas en aquel estado, fue en busca de su amo, creyéndolas muertos.

Marcus estaba en sus habitaciones, reflexionando sobre todo lo que había escuchado de Ariel, antes de tomar cualquier decisión.

Cuando escuchó la llamada de Justa, salió a la puerta a atenderla. No tardó en contarle lo que el sirviente le había contado sobre las dos esclavas encontrados muertos.

Al escuchar eso, Marcus se dirigió rápidamente al lugar, sin darse cuenta que lo estaban observando de cerca. Al entrar a la pequeña habitación, se acercó a ambas y les tocó el rostro con cariño, mientras su corazón latía más rápido.

En ese momento Sarah empezó a recobrar el conocimiento, atrayendo su atención. Luego, levantándola por los hombros, le preguntó:

– ¿Qué pasó aquí, Sarah? ¿Qué pasó contigo y tu madre?

La joven no dijo nada. Solo gimió de dolor, incluso por la bofetada en su rostro, cuya marca no pudo evitar notar cuando la levantó.

Una profunda tristeza invadió su ser, pues, a pesar de lo que había escuchado de Ariel, su corazón le decía que Sarah no era el tipo de mujer a la que había hecho tanta referencia irrespetuoso esa mañana.

Además, sabía que sería difícil que uno de sus soldados se atreviera a desobedecerlo de esa manera, y por eso quería hablar con ella antes de tomar cualquier medida.

Sin embargo, por lo que allí vio, consideró que algo muy grave debió pasar para que esa madre tan celosa actuara de esa manera con su hija. Fue entonces cuando Justa llamó su atención sobre Mirabel que permanecía inerte.

De regreso a la realidad, Marcus instaló a Sarah en la cama, se acercó a Mirabel y se arrodilló junto a ella, dándose cuenta que todavía respiraba, aunque con dificultad.

La tomó en brazos y la llevó a la habitación de al lado, donde la acostó en la cama, luego volvió para decirle a Justa:

– Pide a dos soldados que traigan a Absalum tan rápido como sea posible.

– Sí, señor – respondió y se disponía a salir, cuando escuchó:

– Y ven lo más pronto posible, para estar con Sarah.

– Está bien.

Justa bajó la mirada al pasar junto a su señor. A pesar de llevar mucho tiempo con él y conocer su opinión respecto a los esclavos, pensó que lo mejor era no correr ningún riesgo. Después de todo, pensó mientras se dirigía al cuartel de los soldados, si el general realmente estaba en contra de todo eso debería al menos haber liberado a algunos de sus sirvientes, empezando por ella misma, por el tiempo que ya había servido a su esposa.

Sin embargo, ella nunca lo había visto hacer esto ni siquiera decir una sola palabra de esperanza, a ella o a cualquier otro esclavo, sobre el asunto.

Mientras esperaba el regreso de Justa, Marcus se sentó junto a Mirabel, conmovido por lo que imaginaba que había sucedido entre ella y su hija.

Pensó en Sarah y su corazón latía con ese recuerdo de otra manera. La tristeza que ahora le causaban las palabras de Ariel, después del cuadro que había visto en la casa de la joven, parecía asfixiar cualquier otro sentimiento que aun se esforzaba en cargar.

Con la cabeza entre las manos, Marcus se permitió permanecer allí por un tiempo, y solo volvió a la realidad cuando, en medio del profundo silencio en el que se había entregado a sus reflexiones, sintió un toque en su brazo. Luego se volvió hacia Mirabel y vio que, mostrando que estaba muy débil, estaba palpando el espacio con los ojos cerrados.

Por eso, se acercó un poco más a su rostro y le dijo afectuosamente:

– No te preocupes, porque ordené que trajeran a Absalum, quien pronto estará aquí para atenderte.

Unas cuantas lágrimas corrieron por las comisuras de los ojos de la sirvienta, mientras extendía nuevamente su mano en busca de su amo. Al darse cuenta de la intención, avanzó y la tomó entre sus manos, reiterando:

– Mantén la calma y descansa.

Un profundo suspiro escapó de entre los labios de aquella señora, antes que lograra murmurar, con dificultad:

– ¡Cuídala, por el amor de Dios!

Acercándose aun más a sus labios, pudo oír claramente:

– Cuida a Sarah... por amor de Dios, Padre Nuestro. No la abandones... para que no se pierda en la vida... ni sufra los desengaños que pueda tener su corazón...

Marcus quería decir algo, pero pareció impedírselo una mano invisible que lo hizo callar. Y la sirviente continuó:

– No sé si me entenderás... pero recién ahora me doy cuenta que actué mal con mi hija, porque no le di la oportunidad de explicarse y por eso la juzgué mal.

Después de una breve pausa, continuó:

– Espero que Sarah pueda perdonarme, como yo la perdonaría si realmente hubiera sucedido todo lo que dijeron de ella... ¡Es demasiado tarde para pecar; soy consciente de mi error, pero te ruego que le digas estas palabras y que la cuides por mí!

Y, muy emocionada, afirmó:

– También perdono a Dios por mi fracaso como madre, porque si Sarah se hubiera equivocado, ¡este sería el momento en el que más me hubiera correspondido apoyarla...! ¡Y fracasé! Fracasé, impulsada por mis propios errores del pasado, por no haberme perdonado todavía la ilusión que la pasión creó en mí en mi juventud, haciéndome creer que podía ser la esposa de un romano. Pero esa era mi vida, ese fue mi error, y juzgué a mi hija por nada...

Aunque se sentía agotada, Mirabel hizo un esfuerzo por hacer lo que quería. Casi sin voz, finalmente dijo:

– Señor general... Sé que podría creerme en una alucinación, ante la muerte que me rodea. Pero... ¡Le lo digo de todo corazón; sabiendo que mi hija es inocente de las calumnias que han recaído sobre ella! Lamentablemente... no sé cómo explicar cómo puedo decir esto, pero juro que es la más pura verdad, en el nombre de Dios...

Un suspiro silenció a aquella madre que incluso se entregó a la muerte sin soltar la mano de Marcus, como si todavía esperara por su respuesta.

En medio de la fuerte emoción y energía que los rodeaba, besó las manos de Mirabel, diciendo con respeto:

– Ten la seguridad, porque cuidaré de Sarah y le pediré perdón, por ti y por mí.

Ante estas palabras, pudo soltar fácilmente las manos que antes lo sujetaban, como si se hubieran roto pesadas cadenas.

Capítulo XI

Sarah se despertó sola en su habitación y, cuando intentó levantarse, un nuevo mareo la hizo permanecer en la cama, donde se entregó a sus pensamientos.

Comenzó a reflexionar sobre todo lo que había pasado en su vida, desde que sus padres habían asumido ese compromiso de casarla con Ariel, en contra de su voluntad.

Una tristeza intensa la dominaba, pues había trabajado duro para poder amarlo y así cumplir con su deber para con su familia. Sin embargo, los únicos sentimientos que tenía hacia su amigo y compañero de infancia eran de cariño y amistad, los cuales también comenzaron a temblar a raíz de esa imposición, principalmente por parte de su padre.

Entonces se acordó de David, quien porque la amaba como una hermana se convirtió en su confidente. Siempre que era posible, se reunían en secreto para hablar, y era entonces cuando ella podía decir lo que había en su corazón, recibiendo aliento y palabras de esperanza de su amigo. Este último, aunque sufría al saber que el cariño de su hermano no era correspondido, creía que el amor de Sarah debía entregarse a quien ella eligiera.

De la comprensión y afinidad de los pensamientos, no fue difícil que surgiera entre ellos un sentimiento más fuerte, aunque imposible de vivir.

A pesar de esta triste conclusión, el recuerdo de David pareció traerle nuevos ánimos, tal como había sucedido durante aquellas conversaciones secretas.

Ahora entendía que esto había sido un gran error, ya que, al huir a su encuentro, había dejado que un malentendido la golpeara, lastimando a sus padres más que si lo hubiera hecho desde el principio, con gentileza, pero honestamente, su opinión iba en contra de ese matrimonio.

En ese momento, las lágrimas brotaron de sus ojos. Un vago recuerdo de lo que había sucedido allí entre ella y su madre entristeció su corazón. Fue entonces cuando escuchó que se abría la puerta y vio a Justa entrar a la habitación, seguida por su señor.

Su corazón latía salvajemente y el calor que la envolvía en ese momento alivió un poco su dolor y su tristeza.

Marcus también sintió una alegría agradecida cuando pudo reconocer, incluso a través de las lágrimas de Sarah, el brillo que había visto en sus ojos cuando se conocieron por primera vez. Justa permaneció atenta a todo lo que pasaba entre su amo y aquella hermosa esclava, de quien ya se había informado, viniendo a conocer toda su vida.

Sabía que muchos esclavos parecían encantados por su belleza y que solo mantenían las distancias porque ella era la prometida a uno de los hijos de los antiguos amos, que habían tenido suficiente riqueza e influencia desde la infancia para castigar a cualquiera que se atreviera a molestarla.

Como si percibiera en los ojos de la sirvienta lo que había en su alma, Marcus dijo con naturalidad:

– Por favor, Justa, vete y deja la puerta abierta.

Justa salió de la habitación en silencio, con la mente llena de sospechas contra su amo y la joven esclava. Después de todo, sabía que esa mañana Sarah había sido abandonada por su prometido por haberse involucrado con un soldado.

– O, quién sabe... – se dijo finalmente – ¡con el mismísimo general romano!

Marcus se sintió avergonzado por esa situación y preocupado por el bienestar de Sarah, por todo lo que ya le había pasado y por lo que, sabía, estaba por venir. Por tanto, entendió que debía actuar con mucha cautela.

Al concluir este pensamiento, como inspirado por alguien allí presente, decidió invitarla a salir de aquella habitación, preguntándole gentilmente:

– ¿Estás en condiciones de salir, para que podamos hablar en otro lugar?

– Sí, señor – respondió, ahora más renovada.

– Entonces vámonos, porque imagino que ya te habrás dado cuenta de la gravedad de lo sucedido.

Sarah miró hacia abajo por unos momentos y, aunque sabía que no había hecho nada malo, se sintió avergonzada por esas palabras. Sin embargo, al mirar nuevamente a su amo, vio la bondad en sus ojos y un sentimiento de paz la envolvió.

Ella se levantó y lo siguió hacia el jardín, donde comenzaron una caminata silenciosa, mientras Marcus pensaba cómo debía iniciar esta conversación.

Al darse cuenta que la joven permanecía a su lado con la cabeza gacha, decidió escucharla primero. Quizás, si le hubieran permitido hablar antes, nada de esto habría sucedido. A esta idea dijo con calma:

– Bueno, Sarah, cuéntame qué pasó entre tú y tu familia, que hizo que tanto dolor se creara en tu hogar, y también en tu corazón...

Dejó de caminar y, con la garganta llena de lágrimas, no pudo contenerlas por mucho que lo intentó. Conmovido por el dolor que aquellas lágrimas mostraban, Marcus intentó consolarla; acariciando tu cabello, recomendado o complaciente:

– Cuéntame qué pasó, para poder ayudarte en lo que pueda.

Sarah miró hacia arriba, donde las lágrimas de tristeza dieron paso a un nuevo resplandor de esperanza. Luego exclamó, en un arrebato:

– No puedo imaginar todo lo que debió haber escuchado de mí este día. Sin embargo, por el Dios a quien amo y venero en cada momento de mi vida, ¡juro que no he hecho nada con la intención de causar dolor o discordia en mi hogar o en cualquier persona con la que vivo!

Después de un breve silencio, continuó bajo la atenta mirada de Marcus:

– Desde muy joven he sabido que he despertado en los hombres sentimientos muy diferentes a los que yo creo debe existir para establecer un compromiso que, en mi opinión, es sagrado y debe ser asumido con amor y respeto mutuo.

Un profundo suspiro escapó de sus labios y continuó:

– Algunos de ellos empezaron a buscar a mi padre, con la intención de obtener un acuerdo nupcial. Sin embargo, sabiendo que Ariel ya se había declarado ante mí, mi padre decidió aceptar su petición, ya que de esta manera no solo garantizaría mi tranquilidad hasta el matrimonio, sino que también estaría asegurando mi libertad futura, ya que Ariel es libre.

Al ser interrumpido por la joven, preguntó en voz baja:

– ¿Y por qué estabas en contra de esta unión?

– Por lo que ya le he dicho: porque creo que una unión solo debe tener como base el amor y el respeto mutuo – y finalizó casi en un susurro –, aunque sé que para mí eso no será posible.

Sorprendido por esas palabras. preguntó con firmeza:

– ¿Por qué dices eso, si sabes que eres una joven hermosa y deseada por muchos? ¿Por qué crees que el amor no llega a ti?

Sarah, después de mirar los grandes ojos de su amo, respondió:

– No dije que el amor no llegaría a mí, pero no lo involucraría tanto como para que mi pecho se sintiera demasiado pequeño para contenerlo. Sí, dije que me sería imposible vivirlo...

Casi sin darse cuenta, dejó que sus palabras se convirtieran en un susurro.

–¿Y por qué? – Insistió.

La joven apartó la mirada y dudó unos instantes. Sin embargo, quería ser completamente honesta y sabía que este era un momento muy delicado. Por eso, se distanció un poco al responder:

– Señor, hay varios sentimientos en mi corazón y uno de ellos es este amor. Otro; sin embargo, es el respeto al que usted hizo referencia en nuestra conversación de ayer, y que debemos tener no solo para nosotros, sino para todos y, en particular, para nuestra familia. Entonces, sé que no me es posible amar y desear ser amada.

Aun sin entender la intención de Sarah con esas palabras, Marcus las recibió en silencio, pues quería entender mejor lo que estaba pasando en el corazón de la joven.

Capítulo XII

En los breves momentos de silencio que siguieron, tuvieron el don de brindarles a ambos una razonable serenidad, a lo que Marcus reanudó el diálogo:

– Sarah, lamento la intrusión en tu vida, especialmente porque se trata de temas y sentimientos tan personales. Sin embargo, quiero comprender algunos hechos que aun no me quedan claros.

Una sencilla sonrisa apareció en los labios de la joven, mientras decía con cierta soltura:

– No hay necesidad de pedir disculpas, porque no se imagina el hombre que me hace capaz de decirle a alguien en quien confío todo lo que siente mi corazón.

A pesar de sentirse un poco avergonzado por esa afectuosa muestra de confianza, luego retomó las preguntas que le gustaría ver respondidas:

– Si tu padre ya había accedido a tu unión con Ariel, ¿por qué decidiste esperar tanto? ¿Por qué no se casaron tan pronto como se comprometieron?

– Y eso, a pesar que nunca me opuse a este compromiso ante mi padre, mi madre supo lo que había en mi alma y, atendiendo a mis súplicas, logró posponer el matrimonio hasta que yo cumpliera los dieciocho años.

– ¡Pero ya tienes veinte años!

– Sí, es verdad. Y el retraso se debe a las dificultades que pasó Ariel con su hermano, como ya le dijo mi padre.

– Sí, tu padre me dijo algo sobre eso. Aun así, todavía no entiendo por qué no se casaron

Sarah respiró hondo y, como si volviera al pasado, respondió:

– Bueno, como sabe, dadas las disputas que surgieron entre los dos hermanos el día antes que yo cumpliera dieciocho años, sus padres decidieron partir hacia Roma, dejando aquí a Ariel y David. Muy triste por esto, Ariel pensó que sería mejor posponer nuestra boda, creyendo que volverían a presenciar la ceremonia. Pero pasó el tiempo sin que tuviéramos noticias de ellos, y fue solo hace unos meses que supimos que estas tierras estaban en poder del Emperador. A partir de entonces, lo único que pudimos hacer fue esperar hasta que un nuevo dueño se hiciera cargo de ellas, así como de todos los sirvientes; incluso si nos casáramos, Ariel no podría obtener mi libertad, ya que sería imposible llegar al Emperador con esta propuesta.

Marcus ahora entendió el motivo de la actitud de los jóvenes Ariel y Josafá, a su llegada. Era evidente, por el miedo que sentían por su nuevo amo, que ambos habían planeado todo para que Sarah y Ariel pudieran casarse. De allí la decisión de ocultar la condición de libertos de los hermanos, ya que de haberla conocido no los habría dejado quedarse en su casa, debido a las implicaciones legales que esto traería.

A esta conclusión, que Sarah pareció seguir mentalmente, Marcus preguntó:

– ¿Y usted no se opuso a estas decisiones, sabiendo los riesgos que correrían todos?

Esperó unos momentos para responder, ya que sabía a qué se refería su amo. Después de todo, siendo Marcus quien era y siendo conscientes de lo que representaba en Roma, había sido una actitud muy valiente – o tal vez una tontería – mentir y poner en riesgo la vida de todos, si descubría la verdad, como terminó ocurriendo ahora.

– Gracias a Dios – dijo con sinceridad –, el general no es como las historias que hemos oído sobre él.

Marcus sintió que se sonrojaba y no podía decir si era de alegría o de vergüenza ante esas palabras. Al notar el malestar que le había causado esta situación, la joven rápidamente aclaró:

– Desde que llegó nos dimos cuenta que había algo diferente en usted a la imagen que teníamos antes. Y, cuando vi sus ojos ese día, sentí que el brillo que había allí solo podía existir en alguien que había limpiado no solo sus ojos, sino principalmente su corazón.

Esas palabras cayeron como bálsamo en el alma de Marcus. Sin embargo, no podía dejarse atrapar por ellos y distraerse del motivo esencial de aquella conversación.

Fue entonces cuando la escuchó decir:

– Una vez más no me opuse a las determinaciones de mi padre; simplemente le confié a mi madre mis temores, que ella compartía. Aun así, permanecimos en silencio hasta el día de su llegada, cuando le abrí mi corazón acerca de usted. Después de cierta resistencia, acabó aceptando que no había motivo para temerle, porque también sentía que el general era un buen hombre.

Y sin darle tiempo a comentar lo que había dicho, continuó:

– Nuestra esperanza era que en poco tiempo pudiéramos sacar a mi padre de este compromiso, cuidando de explicarle a Ariel las razones que me llevaron a rechazarlo como marido, nunca como amigo. Desafortunadamente, todo se complicó anoche cuando...

Un poco avergonzada por la revelación que tendría que hacerle a su maestro, Sarah guardó silencio un momento y luego añadió:

– Salí a escondidas de la casa para encontrarme con David.

Mientras decía estas palabras, la joven no pudo evitar notar la sorpresa de Marcus. Sin impresionarse, continuó explicando sinceramente lo que quería:

– Cuando empezó todo esto, él era como un hermano para mí, fue quien me consoló y trató por todos los medios de preparar a Ariel para nuestra conversación final sobre la disolución del compromiso. Sin embargo, sucedió lo que no esperábamos: entre nosotros nació un amor puro y verdadero, al que nunca nos rendimos por respeto a la situación. Sin embargo, nunca imaginamos que nuestras reuniones podrían crear tal malentendido, involucrándome en mentiras tan absurdas.

Al terminar estas aclaraciones, otro suspiro escapó de sus labios demostrando su abatimiento, y luego preguntó con cierta melancolía:

– Ahora que sabe la verdad, le pido señor que me ayude a encontrar algunas respuestas a mis dudas, ya que mi madre no dijo cómo ni por qué surgieron estos comentarios tan desagradables.

Y concluyó con fuerte emoción:

– ¡Entonces, por favor lléveme a verla, ya que necesito pedirle perdón y deshacer todo este error!

Marcus sintió un nudo en la garganta, porque sabía que lo peor estaba por llegar en su ya sufrido corazón.

Ante el silencio del general, Sarah se dio cuenta que algo mucho más grave de lo que imaginaba estaba sucediendo. Entonces, después de cerrar los ojos, como buscando fuerzas en su interior, preguntó con determinación:

– Por favor dígame, ¿qué pasó?

Al ver la firmeza de aquella joven, Marcus comprendió que no tenía sentido intentar ocultar los detalles del drama que la envolvía y por eso dijo, lentamente:

– Bueno, Sarah, esta mañana me contactaron Ariel y David, quienes me informaron sobre su condición de libertos y anunciaron su salida de esta propiedad. Como los documentos que se me presentaron lo demostraron, no me correspondía intervenir en esa decisión. Sin embargo, cuestioné a Ariel sobre tu unión, y me dijo que no sería posible honrar el compromiso adquirido con tu familia, después de lo que habías hecho...

En ese momento la joven lo interrumpió, angustiada:

– ¿Qué hice, de todos modos? ¡Nada!, y si David estaba con Ariel, ¿por qué no aclaró todo el malentendido?

El dolor que sintió fue tan intenso que Marcus deseó no tener que pasar por todo eso. Pero, sabiendo que necesitaba llegar al final de la conversación, intentó tranquilizarla:

– No te preocupes, porque creo que pronto lo comprenderás.

La afirmación la hizo mirarlo atentamente, queriendo liberarse de aquella angustia.

Al notar su ansiedad, continuó:

– Me hice la misma pregunta cuando hace unos momentos dijiste que anoche estuviste con David. Y creo que, por el amor que te tiene, creía que te estaba ayudando al ocultarte esto, porque así te estaría liberando del compromiso con Ariel. Por otro lado, les evitaría tener que exponer la verdad sobre el sentimiento que los une, el cual, a pesar de cancelarse el matrimonio, nunca sería aceptado por sus padres y hermano.

Al escuchar esa declaración, Sarah asintió con tristeza:

– Claro que sí. David sabía lo difícil que sería convencer a Ariel para desistir del compromiso y, ante la oportunidad que se creaba por el hecho que él era quien ya no quería nuestra unión, pensó que lo mejor era guardar silencio y salir de aquí.

– Sí, también creo que esa era la intención de David.

Ambos se entregaron a sus pensamientos un poco más, hasta que Sarah preguntó:

– ¿Pero por qué Ariel creyó que anoche estaba con un soldado?

Marcus no sabría qué responder, aunque imaginó que era resultado del error de Mirabel, tal como ella le había confiado. Luego prosiguió la palabra con cuidado:

– Quizás solo tu padre podrá explicárnoslo.

– ¿Por qué él? ¿Dónde está mi madre para aclarar todo de una vez?

Y, aun sin entender lo que estaba pasando, no dejó que las lágrimas le impidieran decir con sinceridad:

– ¡Señor, le juro que nunca les haría eso a mis padres!

– Sí, lo sé – dijo emocionado – o mejor dicho, lo sabemos...

Dudó unos instantes, pero continuó con lo que tenía que decir:

– Y eso es exactamente lo que tu madre me pidió que te dijera, antes de partir.

– ¿Cómo así... ? – Tartamudeó, luchando por aceptar lo que acababa de escuchar.

Aunque sentía que su corazón latía salvajemente, Marcus intentó suavizar sus palabras, ya que quería que la consolaran de alguna manera:

– Bern, Sarah, no sé con certeza qué pasó en esa habitación entre tú y tu madre. Ambas estaban inconscientes cuando fueron encontradas. Por eso, cuando noté que ya te estabas recuperando, llevé a tu madre a otra habitación, donde esperamos la llegada de

Absalum, a quien mandé llamar para cuidarla, según me pareciera necesario.

Involucrado por la emoción que le traían aquellos recuerdos, se tomó un breve descanso y luego empezó de nuevo:

– Fue entonces cuando tu madre, en unos momentos de lucidez, me hizo prometer darte un último mensaje. Ella afirmó conocer tu inocencia y admitió que había cometido un error al no estar a tu lado cuando más la necesitabas. Sin embargo, en el momento en que supo que se iba, su corazón le hizo comprender esto y anheló recibir tu perdón.

Aun más emocionado y sosteniendo entre las suyas las manos de la joven, concluyó:

– Perdón que también quiero pedirte, por haberme dejado llevar por las palabras de Ariel, en un principio.

La intensidad del llanto de Sarah le impidió decir nada.

Pese a ello, el atardecer que los iluminaba reveló un nuevo brillo en sus ojos, pues su corazón se sintió aliviado al saber que su madre entendía que ella era inocente de ese terrible error.

Capítulo XIII

A pocos metros de allí alguien se escabullía por el jardín , tratando de todas maneras ver y oír lo que estaba sucediendo entre la esclava y el general.

Y, así como sus sentimientos de bondad eran limitados en ese momento, también lo eran la comprensión y la buena voluntad de aquella criatura para no distorsionar todo lo que había presenciado.

Por lo tanto, Justa se alejó en silencio, regresando apresuradamente con su ama, quien deseaba servirla aun más esa tarde y contarle, a su manera, la escena que acababa de presenciar.

Apenas ingresó a las habitaciones de Cornélia, encontró la oportunidad que estaba esperando para poner en práctica su plan, cuando escuchó el comentario:

– Qué maravilla que apareciste, ya que hace tiempo que te estaba buscando.

Dejando que una sonrisa apareciera en su rostro, la sirvienta explicó con aparente gravedad:

– Le pido disculpas por mi ausencia. Pero tenga la seguridad que seguía velando por la señora.

Cornélia notó la entonación de aquellas palabras y preguntó, un poco asustada:

– ¿De qué estás hablando?

Al ver que había logrado despertar su curiosidad, Justa continuó en el mismo tono:

– Es que, aunque sabía que podía ser reprendido por mi ausencia, pensé que era mi deber ayudarla a mantener su hogar seguro...

Se interrumpió intencionalmente, lo que llevó a la joven a preguntar, más preocupada:

– ¿Qué tan peligrosa es mi casa?

Luego la sirviente prosiguió:

– Bueno, es que pensé que lo mejor sería esperar mientras el general hablaba a solas con la sirvienta Sarah, aunque se encontraba a cierta distancia.

Al escuchar eso, Cornélia sintió que su corazón se aceleraba. No conocía a esa sirvienta, pero era la segunda vez que escuchaba comentarios que la vinculaban con su marido.

A pesar de esta conclusión, trató de controlarse y no revelar la perturbación que aquellas palabras le causaban. Así, alcanzó a decir, tras un breve intervalo:

– ¡Que tonto! ¿Por qué una simple conversación entre mi esposo y una sirviente sería un riesgo para la seguridad de mi hogar?

A pesar del esfuerzo de la joven por mostrar confianza, Justa vio aparecer en sus ojos un intenso brillo de ansiedad por su respuesta. Por eso, no dudó en decir lo que quería:

– Bien, señora, como llegué aquí un poco antes, pude enterarme de algunos problemas. Una de ellos trata precisamente de esta joven sirvienta, de la que muchos hombres dicen ser capaz de cualquier cosa, de hacer locuras para ganarse su amor, y con la que el general habló tan de cerca...

– ¿Qué estás insinuando? – Insistió Cornélia, sin disimular sus preocupaciones, a lo que Justa dijo:

– ¡No olvide, señora, que todo lo que voy a decir aquí se debe exclusivamente a mi inquietud con su bienestar y el de su hogar!

Y en unos momentos comenzó a narrar, como había planeado, todo lo que creía haber visto, enfatizando en detalle los momentos en que Marcus se había acercado un poco más a Sarah.

Al final de la desastrosa historia, cuando la joven estaba visiblemente abatida, la criada añadió sin piedad:

– Es una pena que después de todos estos años de unión feliz con la señora, el general se deje atrapar por las artimañas de una aventurera, que hizo que su prometido la repudiara, causándole enfermedad y tal vez la muerte de su propia madre, a causa de tan grande desamor.

Cornélia ni siquiera podía respirar de forma natural, debido al malestar que le producía cada una de esas palabras. Su mente parecía nublada y su corazón sofocado por el intenso dolor causado no solo por el dolor de la traición, que creía que Marcus estaba cometiendo, sino principalmente por la vergüenza que le infligía.

Después de todo, si quisiera involucrarse con otra mujer, que fuese discreto. Y que al menos daría preferencia a alguna noble romana, no a una sirvienta.

Pareciendo leer sus pensamientos, Justa continuó ejecutando su plan:

– Sé lo difícil que es para una mujer bella y sensible como usted descubrir las debilidades de su marido. Sin embargo, creo que lo peor es saber que por una sirviente la pasa por alto, ¡dentro de su propia casa!

Cornélia salió rápidamente de su aposento, sin notar que Justa estaba muy contenta con su actitud y con el odio que percibía nacer en el corazón de su señora.

Marcus había dejado a Sarah al cuidado de dos sirvientes, quienes le harían compañía hasta que Josafá regresara de sus deberes, cuando estaría informada de todo lo que había sucedido allí ese día.

Luego de permanecer unos minutos sentado en medio del jardín, vio a Cornélia quien se dirigía hacia las dependencias de servicio de la casa. Imaginando que era una medida necesaria para cumplir algún orden y sintiéndose un poco cansado, decidió no llamar a su mujer y se dirigió en silencio a su aposento.

Cornélia; sin embargo, como si la gentileza que hasta entonces la había caracterizado nunca hubiera existido, corrió por el pasillo donde se encontraban las habitaciones de servicio, yendo uno a uno, hasta que finalmente encontró a Sarah.

Al ver entrar así a la señora, todos se pusieron de pie, mientras ella ordenaba, evidentemente fuera de control:

– ¡Quiero estar a solas con Sarah!

Ellos obedecieron inmediatamente. Sarah, perpleja y en silencio, esperaba la manifestación de su señora.

Frente a aquella joven, Cornélia se sintió aun más ofendida, pues ahora entendía por qué tantos hombres la deseaban. Sarah era realmente hermosa y había un brillo especial en sus ojos que nunca antes había visto en nadie.

A esta conclusión silenciosa, ella comenzó diciendo a lo que viniera:

– ¡Si crees que puedes entrar en mi casa y destruirla, debes saber que estás muy equivocada! Y si Marcus decidió olvidar sus principios, en los que una vez me hizo creer tan ciegamente hasta el punto de juzgarlo incapaz de cometer ciertos errores, digo que de ahora en adelante lo veré como a cualquier otro hombre. Y así también actuaré de acuerdo con la situación en la que me encuentre, como cualquier otra mujer.

Sorprendida, Sarah intentó hablar:

– Señora...

– Cállate – la interrumpió, aun más irritada – porque no permitiré que intentes engañarme justificándote o defendiendo a mi marido. Sepa que tienes prohibido salir de tu habitación hasta que yo decida qué haré contigo.

– ¿Qué pasa con el funeral de mi madre?

Esa pregunta hizo que Cornélia se sintiera débil por un momento. Pero, al recordar la historia de Justa, dijo decididamente:

– No estaré presente en él, ya que espero deshacerme de ti antes que suceda. Y si al menos deseas ahorrarle a tu padre otro disgusto, será mejor que obedezcas mis órdenes.

Convencida que no tenía sentido intentar discutir, Sarah dejó que las lágrimas cubrieran su rostro mientras veía a Cornélia irse, dejándola allí encerrada. Su corazón parecía incapaz de soportar más tanto dolor. Y ella se preguntó:

– ¿Por qué creen que soy capaz de involucrarme así con un hombre, si ni siquiera Ariel, a quien pude recibir como novio, despertó en mí tal deseo?

Y acordándose de David, pensó:

– Nunca el amor que siento me permitió olvidar mis deberes de hija, porque sabía que nunca debía entregarme a él. Entonces, ¿por qué este engaño vuelve a aparecer en mi vida?

Incapaz de encontrar respuestas a lo que le estaba pasando, cedió a las lágrimas, dejando escapar de sus labios un suspiro sin sentido.

En ese momento, el recuerdo de Dios le hizo esforzarse por secarse las lágrimas. Arrodillándose, se retiró a la oración y, como una hija que quiere escuchar y obedecer la voluntad de su padre, abrió su corazón a Dios.

Rodeada de este sentimiento, vio aparecer una niebla frente a ella, la cual creía que era algo creado por las lágrimas que insistían en caer de sus ojos. Sin embargo, después de limpiarlos, notó que parecía haber una persona frente a ella.

A pesar de estar un poco confundida e incluso asustada, Sarah no sentía que tuviera fuerzas para levantarse. Por eso rezó aun más, cerrando los ojos por unos momentos. Fue entonces cuando se dio cuenta que así podía ver claramente la imagen que antes, con los ojos abiertos, veía solo como una niebla.

Era un hombre que vestía una túnica con una faja alrededor de su cintura, ambos de una blancura que ella nunca había visto antes. Y, como si supiera ahora que me veían, aquel hombre empezó a decir muy bajito:

"Que Dios te bendiga. ¡Que Su paz y Su amor te envuelvan, calmando así tu corazón, en este momento de tanta belleza para ti, aunque todavía no puedas comprenderlo!"

Por mucho que lo intentó, Sarah no pudo pronunciar una sola palabra. Luego, al darse cuenta de su intención, le explicó amablemente:

"Sé que quieres contarme muchas cosas, pero no es el mejor momento para eso. Así que también seré lo más breve posible, porque el tiempo apremia y por el bien de todos es necesario que aceptes las decisiones de tu señora, por dolorosas que te parezcan, porque, créeme, ¡Dios vela por ti!"

Aunque Sarah extendió sus brazos hacia esa imagen, como si quisiera retenerla por más tiempo, la visión se desvaneció en el aire tan rápido como se había formado.

Al abrir nuevamente los ojos se dio cuenta que ya no lloraba y que una fuerte sensación de paz y tranquilidad la dominaba, aunque no podía decir qué había sucedido allí y guardaba en su memoria las duras palabras de su señora.

La joven se levantó y se dirigió a la cama, se acostó y se dejó envolver por el sueño, descansando ahora también su cuerpo, ya que su alma estaba completamente restablecida.

Capítulo XIV

Tan pronto como entró en su habitación, Marcus buscó el descanso, ya que se sentía sumamente cansado, algo que no le pasaba desde hacía mucho tiempo.

Tomado por una incontrolable somnolencia, ni siquiera intentó resistirse; se vio a sí mismo, en un sueño, entrando nuevamente al palacio y dirigiéndose directamente a la habitación que lo conduciría a la pequeña habitación donde, años atrás, había tenido su primera conversación con Naktaf.

Al ver las pequeñas piedras que habían servido como bancos, también notó la presencia de su querido amigo, con los brazos extendidos hacia él.

Una fuerte emoción brotó de su pecho, haciendo temblar todo su cuerpo en la cama, aunque permaneció en un sueño profundo. Luego se dirigió a él, diciéndole:

– ¡Gracias a Dios por fin puedo volver a verte!

Naktaf, mientras lo envolvía en un cálido abrazo, habló amablemente:

"¡Es con inmensa alegría y gratitud a Dios que también te veré de nuevo, amigo mío! ¡Sin embargo, nuestro tiempo es corto y la razón de nuestro Padre para permitirnos este reencuentro es breve y sin duda mucho más sabia y justa que simplemente calmar nuestro anhelo!"

A pesar de la sutileza de su amigo, no pudo evitar sentir la gravedad en su voz. Por eso preguntó, sin rodeos:

– ¿Qué pasó que viniste a verme?

Esbozando una leve sonrisa ante la comprensión de su pupilo de la realidad que los rodeaba en ese momento, Naktaf comentó:

"Veo que lograste aprender todo lo que me esforcé en transmitirte, en el poco tiempo que tuvimos la oportunidad de estar juntos."

Con el corazón destrozado por las nuevas emociones que aquel comentario despertaba en él, en un esfuerzo por permanecer lúcido, Marcus respondió, con voz ligeramente temblorosa:

– De hecho, conoces bien todos mis fracasos. Lo que me consuela es saber que también eres consciente de mis sentimientos y de la esperanza que me mueve y sostiene, en la creencia que un día podré no solo abrazar, sino vivir el ideal que me mostraste.

Naktaf apoyó su mano derecha sobre el hombro de su amigo y dijo con seguridad:

"Bueno, debes saber que este momento está más cerca de lo que imaginas. A pesar de..."

Esa interrupción provocó una agitación aun mayor en el cuerpo de Marcus, mientras continuaba durmiendo, provocando que un profuso sudor lo cubriera. Como si él supiera la gravedad de las siguientes palabras de su consejero, éste permaneció inmóvil hasta concluir:

"Como recordarás, se te permitieron muchas cosas, para que estuvieras preparado para este momento. Sin embargo, algunos hechos están más allá de nuestra razón, pues estas son decisiones personales que cada uno de nosotros tiene derecho a tomar durante nuestro viaje. Por eso vine a tu encuentro con el permiso de Dios, ya que la situación es gravísima, ya que Cornélia se dejó envolver por sentimientos que la distanciaban de ti y del compromiso que asumieron juntos. Una vez más les recuerdo que, si nada es definitivo, en cambio, la consecuencia que genera cada actitud favorable o no a los compromisos asumidos por cada uno de nosotros es inevitable."

Marcus se sintió abrumado por el desánimo, como si sus energías vitales lo estuvieran abandonando. Al identificar esto claramente en el rostro de su pupilo, Naktaf se apresuró a ayudarlo:

"¡Nunca debes ceder al desánimo, sabiendo que todavía cuentas con el apoyo y la asistencia de muchos! Si Cornélia, como queremos creer, solo se alejó momentáneamente de ti y del mayor compromiso que te unía, continuarás a recibir apoyo y ayuda; sin embargo, no podemos negar que su tarea se ha vuelto más difícil, y ahora más importante para ambos, pues más que antes tendrán que rescatar su pasado, sembrando un mejor futuro también en el presente. como esforzarte en no dejarla atrás, intentando siempre acercarla lo más posible a ti, por difícil que parezca."

Como si cada una de esas palabras hubiera penetrado en su corazón, Marcus, después de un profundo suspiro, levantó la mirada hacia su amigo y consejero, diciendo con sincero deseo:

– ¡Haré todo lo posible para cumplir todos los objetivos que Dios tiene para mí y le pido fuerza y discernimiento!

"Ten la seguridad que esto y todo lo necesario te será añadido por la misericordia del Padre y por el amor que te tiene, así como por la esperanza que pone en tus manos, la cual quiere ver sembrada a través de los tiempos en todos los corazones que estén dispuestos a recibirlo, como tú te propusiste hacer."

Un abrazo fraternal selló ese reencuentro, imprimiendo en el alma y el corazón de Marcus un intenso sentimiento de paz y buena voluntad, para que pudiera continuar su viaje.

Sin embargo, al despertar, aunque recordaba el sueño que había tenido con su amigo Naktaf, sintiendo la confianza y la esperanza que éste le inspiraba, su pecho seguía oprimido. Luego comenzó a revisar sus notas, en un intento de encontrar algo que pudiera aclarar y aliviar esos sentimientos contradictorios.

Por lo tanto, no notó el paso del tiempo y recién cuando la noche ya había descendido sobre todo Jope salió de su habitación, preocupado por la falta de noticias de Absalum, quien ya debería haber llegado con los soldados, y también de Josafá, quien en algún momento regresó de sus tareas. Fue entonces cuando escuchó un alboroto afuera y se fue para comprobar lo que estaba pasando. Tan pronto como los sirvientes notaron su presencia, todos guardaron silencio, dejando solo a Josafá en la desesperación. Éste, volviéndose hacia su amo, dijo con inmenso dolor:

– ¡Por favor dime que lo que me dijeron no es cierto!

Muy conmovido, Marcus miró hacia el cielo en busca de sus estrellas. Pero, como éstas también habían perdido su brillo esa noche, se quedó contemplando la oscuridad, lo que trajo aun más compasión por aquel hombre en su pecho.

El breve silencio que cayó entre ellos llevó a los demás a retirarse al interior de la residencia, dejándolos solos. Al darse cuenta de esto, Josafá cayó de rodillas y no hubo necesidad que le dijeran nada más. Comprendió que Mirabel se había ido a Dios.

Las lágrimas bañaron su rostro y una profunda tristeza envolvió su corazón, cuando sintió unas manos fuertes, pero suaves tocar sus hombros. Alzando los ojos se detuvo ante la mirada fraternal del general, quien ahora le ofrecía una de sus manos para que pudiera levantarse.

Sorprendido por esa actitud, y pensando que había ido demasiado lejos al olvidar que era un esclavo y que estaba frente a su amo, Josafá aceptó con cierto temor la mano tendida, cuando escuchó:

– No tengas miedo, ni siquiera intentes ocultar lo que hay en tu corazón. Sepan que admiro y respeto mucho el amor que une y fortalece a quienes lo sienten.

Al sirviente le faltaron las palabras en ese momento, cuando Marcus añadió con delicadeza:

– Y también sé que este amor dura y resiste incluso la distancia, aunque parezca infinita.

Créeme, Josafá, un día tu corazón no se arrepentirá de la ausencia de Mirabel, porque la separación es temporal, y el amor que sienten el uno por el otro los fortalecerá hasta poder unirlos nuevamente.

Josafá no sabría explicar cómo esas simples palabras le proporcionaron ese alivio; el hecho es que sus lágrimas se habían secado y su corazón ahora estaba envuelto por la esperanza que todo esto realmente sucedería algún día.

Fue entonces cuando notó que el general tenía un brillo intenso en sus ojos, y que su mano aun lo sostenía firmemente, como si quisiera sostenerlo hasta que se recuperara por completo de su sufrimiento. Ante esta percepción, comentó simplemente:

– Nunca pensé que alguien sería capaz de comprender y respetar los sentimientos de otra persona como tú lograste hacerlo.

Y, después de apretar con más fuerza la mano que lo sostenía, dijo agradecido:

– Gracias por lo que hiciste por mí en este momento; y, a pesar de ser solo un servidor, debes saber que siempre tendrás en mí un amigo fiel.

Una leve sonrisa apareció en los labios de Marcus, quien intentó ocultar una lágrima solitaria que delataba su emoción. Aun así, como en un arrebato, le dijo a Josafá:

– Espero que algún día pueda llevar esto a cuantos lo necesiten.

– No entiendo, señor – dijo el criado interesado.

Después de unos momentos, Marcus compartió con su nuevo amigo lo que tenía en mente:

– Quiero decir que quiero ver todos los corazones que sufren rodeados de esperanza, y que esto ayude a que exista la buena voluntad entre todos.

Luego, concluyó aun más emocionado:

– ¡Más allá, y almeja, amor y fe en Dios!

Al oír eso, Josafá sintió aumentar dentro de él el respeto hacia su señor, y en silencio se entregó a las emociones; que los invadió en ese momento.

Capítulo XV

Cornélia había regresado a su casa, pero no había buscado al marido, porque no quería verlo antes que hubiera resuelto cómo sacar permanentemente a Sarah de su hogar y su familia.

Su corazón parecía aun más agitado, impulsado por varios sentimientos que hasta entonces le habían resultado extraños. Nunca había sentido algo así por nadie, y esa íntima agitación la hacía caminar de un lado a otro de sus habitaciones, como si allí en realidad se desarrollara una gran disputa interior.

Fue en ese momento que entró Justa, con la intención de comprobar si su plan seguía el rumbo marcado en su mente.

Al verla, Cornélia suspiró aliviada, pues parecía encontrar en ella la solución a todas sus angustias. Al fin y al cabo, Justa era una sirvienta fiel, tanto que le había advertido sobre los peligros que enfrentaba su hogar ante la presencia de aquella joven. Sin duda la ayudaría a deshacerse de Sarah, para no tener que exponerse ni enfrentarse a su marido.

Entonces, como una niña insegura y sin notar la satisfacción que tal actitud provocaba en Justa, la joven se acercó a la criada y tomándola de las manos le dijo:

– Sin duda, fueron los dioses quienes te colocaron en mi vida para ayudarme, en este momento, a recuperar la felicidad y seguridad de mi hogar.

– Claro, porque me preocupo mucho por ti y tu felicidad.

Aquellas palabras sintieron como un bálsamo en el corazón de Cornélia, quien no entendía el tono de desprecio que Justa ni siquiera se esforzaba en contener. Así, continuó en su ensoñación sin darse cuenta del gran error que estaba cometiendo con cada palabra:

– Necesito deshacerme de Sarah lo más rápido posible. Preferiblemente hoy, ya que no me gustaría que ella y Marcus se vieran ni por un solo momento.

– Tienes razón, y sé cómo cumplir tus deseos – dijo la criada, confiada.

– Entonces dímelo, porque no tenemos mucho tiempo antes que regrese el padre de la joven, o Marcus vuelva con ella.

Ante la angustia de su señora, Justa se convenció que había llegado el momento de fijar sus condiciones; tratando de demostrar cierto miedo, que en verdad estaba lejos de sentir, comenzó diciendo:

– Mi señora, sé cómo ayudarla. Pero necesito que me prometa que también me ayudará, porque desde el momento en que me ponga a su lado en esta tarea estaré en grave riesgo, si vivo bajo el mismo techo del general. ¿Alguna vez ha imaginado lo que le hará a mí, una vieja sirvienta, cuando descubra que la ayudé a deshacerse de su amante?

Esa última frase pareció resonar dentro de la cabeza de Cornélia, haciéndola reaccionar con altivez:

– No te preocupes, no te pasará nada. Y, en cuanto todo esto termine, sabré recompensarte con la misma moneda, incluso pudiendo liberarte.

– ¡Está bien!

Justa accedió rápidamente, para que su señora no tuviera tiempo de mirar a su alrededor. Y concluyó:

– Entonces, acabamos de sellar un acuerdo y sabe que haré todo lo posible para cumplir su deseo. ¡Sin embargo, no olvidaré su promesa!

Un escalofrío recorrió el cuerpo de la joven, y tratando de no dejarse impresionar por aquello, alcanzó a decir, con voz ligeramente temblorosa:

– Ella es... Pero, ahora... ¿Qué vamos a hacer para sacarla de aquí?

Y mientras Marcus hablaba con Josafá, ambas daban inicio al plan para sacar a Sarah de esa casa. Como era peculiar en ella, Justa ya había aprendido algunos de los secretos que podían esconderse detrás de las paredes de una casa, y uno de ellos le sería de gran utilidad ahora.

Había descubierto por los sirvientes de la casa que había un sótano donde, según ellos, el antiguo dueño se encontraba con una sierva, siendo el verdadero padre de los gemelos que criara; entonces le sugirió a la señora que lo usara para esconder a la joven hasta que pudieran venderla a algún comerciante.

Mientras tanto, si fueran interrogadas sobre la desaparición de Sarah, dirían no saber su paradero, sin perder la oportunidad de afirmar que tal vez se había escapado, porque se sentía culpable por lo que le había sucedido a su madre.

Con el consentimiento de Cornélia, que no veía otra solución al problema que creía tener, no fue difícil para Justa, después de tomar todas las medidas necesarias, obtener la ayuda de un soldado al que ya había concedido algunos favores. Aprovechando la caída de la noche, se dirigieron silenciosamente a la habitación de la joven, donde la encontraron aun dormida, lo que les facilitaría mucho la acción, ya que ella no podría reaccionar.

Justa cubrió el rostro de Sarah con un paño empapado de fuerte solución y, tras recoger algunas de sus pertenencias para reforzar la sospecha de fuga, ordenó al soldado que la llevara al lugar indicado por ella. Cuando llegó, la tenía allí atada a la cama y, antes de irse, le dijo con firmeza:

– ¡Sabes que deberías olvidar todo lo que viste esta noche!

Aliviado por el fin de su participación en ese caso, el chico simplemente asintió, dirigiéndose hacia la puerta, la cual cerró rápidamente detrás de él.

Justa, acercándose una vez más a la joven, se aseguró

Se notaba que estaba bien atada y amordazada; Luego también salió para decirle a la señora que todo había salido bien según su deseo.

Al entrar en los aposentos de Cornélia, la encontró caminando de un lado a otro, muy nerviosa; preguntó ansiosamente, en cuanto la vio de espaldas:

– ¿Entonces, cómo estuvo?

– No se preocupe, todo salió como queríamos.

– ¿Y ahora qué hacemos?

– Como dije, la dejaremos ahí hasta mañana.

– Sigo pensando que esto es muy arriesgado – comentó la joven, todavía temblando.

– No se preocupe.

Justa habló con confianza, tratando de tranquilizar a su señora, antes que se arrepintiera y comenzara a perder sus planes de libertad. Por ello afirmó con mayor convicción:

– He tomado algunas medidas para que esto no dure mucho.

– ¿Cómo así?

– Bueno, tengo amigos que me deben algunos favores. Uno de ellos estará libre esta tarde y le pedí que viniera a la ciudad y averiguara si había comerciantes que pasaran por aquí.

– ¡Eso es genial! – Dijo Cornélia, aprensiva. Entonces, aconsejó Justa, con cierta irreverencia:

– Cálmese, señora. No debería estar tan agitada, ya que podría atraer la atención del general.

– No digas algo así... – tartamudeó, sin poder ocultar su angustia, con solo mencionar esa posibilidad.

– Entonces cálmese y déjemelo todo a mí.

La sirvienta volvió a tener confianza en que lograría sus objetivos y concluyó:

- ¡Mañana, cuando termine el funeral de Mirabel, nosotros también habremos enterrado este asunto de una vez por todas!

Aunque esas palabras deberían haber traído algo de alivio al corazón de la joven, no lo hicieron. Tal vez porque ya había empezado a sentir el peso del arrepentimiento, pues su conciencia le decía que todo lo que estaba sucediendo y lo que estaba por venir, era por y obra de su voluntad.

Capítulo XVI

El día ya estaba amaneciendo y Marcus no conseguía dormir, ni siquiera por unos instantes. Pese a ello, advertido por uno de los sirvientes que comenzaría el funeral de Mirabel, abandonó la habitación discretamente, ya que no deseaba hablar con nadie en ese momento.

Su abatimiento era claro y, aunque se esforzaba en no demostrarlo, una cierta angustia lo aquejaba sin que pudiera descubrir por qué.

Continuando hacia el lugar indicado, se reunió con Josafá y algunos sirvientes para la ceremonia de despedida de Mirabel. Quedó sorprendido por la ausencia de Sarah, lo que le llevó a preguntar a uno de los sirvientes:

– ¿Dónde está la hija de Mirabel?

– Nadie la ha visto desde ayer, señor. Pero Josafá cree que ella está en la propiedad.

Marcus se sintió más angustiado y quiso hablar con el padre de la joven. Sin embargo, al verlo llorar la partida de su amada esposa, consideró que era una falta de respeto cualquier intento de diálogo en ese momento era su responsabilidad. Con el corazón afligido, se entregó a la oración, sabiendo que lo único que podía hacer era esperar hasta el final de la ceremonia, para poder aclarar lo que le preocupaba.

El Sol ya estaba alto cuando se pronunciaron las últimas palabras de despedida y, debido a su presencia, los sirvientes regresaron a sus tareas sin demora, dejándolos en paz.

Marcus podrá entonces acercarse a Josafá, que a pesar de su dolor, ahora muestra un poco más de serenidad, para aclarar sus dudas. Yendo directo al grano, preguntó:

– ¿Dónde está Sarah?

– Bueno, señor, imagino que debe estar escondida por la propiedad, como lo hacía cuando era niña y se sentía triste, o cuando había hecho algo que sabía que me molestaría.

Esa respuesta no convenció a Marcus. Al fin y al cabo, a petición de Sarah, la había dejado en su habitación en compañía de otros sirvientes, hasta que Josafá regresó, para que ella no pudiera hablar, pues ella misma quería aclarar todo el malentendido que allí había ocurrido con Ariel.

Además, ese extraño sentimiento de angustia seguía oprimiendo su corazón. Por eso insistió:

– ¿Y dónde solía esconderse?

Al observar la preocupación de su amo, por primera vez Josafá también se sintió intranquilo por el paradero de su hija y respondió con menos calma:

- Hacia el sur, en los límites de la propiedad con los cerros, hay un manantial y un pequeño lago donde a Sarah le gusta estar sola.

– Entonces vayamos allí.

Inmediatamente siguió a su amo, que se dirigía hacia las caballerizas para atrapar a los caballos.

Sin embargo, fueron sorprendidos por la llegada de soldados que habían salido en busca de Absalum el día anterior.

Al verlos, Marcus se arrepintió de tener que posponer la búsqueda de Sarah, pues sentía que algo malo estaba pasando. Ante el enfado de su amo, y también preocupado por su hija, Josafá afirmó:

– Iré a buscarla, y en cuanto la encuentre te avisaré.

– ¡Haz eso!

Luego, Marcus se fue a casa, donde encontró a Absalum sumido en sus pensamientos mientras lo esperaba.

Al verlo, y ya enterarse de la muerte de Mirabel por boca del sirviente que lo había recibido, el anciano lo miró con atención, pues sentía en él algo más que preocupaciones por las dificultades ligadas a los últimos acontecimientos ocurridos allí. Como si ya conociera esa mirada, Marcus lo abrazó con reverencia y le dijo:

– Gracias por llegar en un momento tan oportuno.

–¿Realmente crees eso? – Preguntó Absalum en voz baja, al notar el disgusto en la voz de su anfitrión.

A pesar de sentir que su corazón latía irregularmente, Marcus logró responder con más suavidad.

– Sí. Aunque lo llamé en un intento de auxiliar a Mirabel, creo que nos será muy útil contar con tu presencia ahora, ya que todavía necesitamos tu ayuda.

Fue entonces cuando escucharon que alguien se acercaba interrumpiéndolos.

Al ver a Cornélia un poco avergonzada, Absalum se volvió hacia ella y la saludó con cariño y respeto. Marcus; sin embargo, permaneció en silencio debido a sus preocupaciones.

Para la joven, la actitud de su marido parecía una confesión de su traición. Seguramente sería el resultado de la desaparición de Sarah, de la que ya se había dado cuenta, al igual que en el funeral de Mirabel.

Ante esta conclusión, intentó con dificultad retomar la conversación:

– Le pediré que nos sirva algo, ya que el señor Absalum debe estar cansado y hambriento después del viaje.

– Ay, no, hija mía, calma tu corazón; estoy muy cansado y no suelo comer entre horas. Lo que necesitaba ya me lo ofreció tu servidor: un poco de agua fresca.

Convencida que sería improductivo insistir con el anciano, intentó convencer a su marido.

– Y tú, Marcus, ¿no quieres comer algo, ya que te fuiste antes de nuestra primera comida?

– No gracias. No tengo hambre y lo único que quiero es hablar con Absalum, sin que me interrumpan.

Aunque fueron dichas con firmeza, de ninguna manera esas palabras fueron dichas en un tono irrespetuoso. Sin embargo, llegaron al corazón de Cornélia como puñales, y el dolor del orgullo herido la hizo marcharse abruptamente, sin siquiera despedirse de su visitante.

Entendiendo, desde esa actitud, a qué se podría estar refiriendo Marcus, el anciano preguntó sutilmente:

– ¿Qué le pasó a nuestra hermana, a estar tan irritada por una simple objeción a tu voluntad?

Marcus negó con la cabeza, sin saber qué decirle a Absalum, que estaba esperando una respuesta. Al darse cuenta que no habría otra manera de hacerse entender por su amigo, propuso entonces:

– ¡Caminemos un poco, porque hay algo que quiero contarte!

Absalum siguió lentamente los pasos del general, quien lo llevó a un pequeño oasis lejos de la casa. Después de sentarse en los bancos de allí, para comenzar la conversación que necesitaban tener, observando la inseguridad de su anfitrión, comentó:

– ¿Qué tienes que decirme que, por ser tan difícil, te hizo callar en el momento en que más necesitabas hablar, para solucionar los problemas que aquejan tu corazón?

Agradecido por la intención, Marcus finalmente logró decir:

– Amigo mío, tus palabras me reconfortan mucho. Hasta este momento no había pensado en tener que resolver situaciones difíciles, y no imposibles, como tu lucidez me ha hecho darme cuenta ahora.

El anciano mostró una sencilla sonrisa, pero permaneció en silencio. Entonces Marcus, sintiéndose más fuerte, comenzó:

– Aunque nos conocemos hace poco tiempo, por todo lo que vi y escuché en su casa sé que puedo considerarte, además de un amigo, un mentor. Entonces necesito contarte el encuentro que tuve con un querido hermano, para que puedas darme tu opinión.

Absalum asintió con un gesto suave y se entregó a una profunda reflexión, mientras Marcus comenzaba su narración. Contó el sueño y los detalles que lo precedieron, como lo que había estado sintiendo desde que despertó; incluyendo su preocupación por Sarah, de la que desconocía el verdadero motivo.

Al final, al ver que Absalum permanecía inerte y con los ojos cerrados, como si estuviera ausente, esperó unos momentos, pues quería recuperarse de las emociones que aquella historia le había causado.

Solo cuando estuvo más tranquilo y también se entregó a la meditación, escuchó la amorosa voz del amigo que había sido su oyente todo ese tiempo.

– Muy bien. Por lo que pude entender por todo lo que escuché, y por lo que Dios me permitió vislumbrar en sus reminiscencias, quienes te guardan y esperan el cumplimiento de su deber mayor, asumido con Nuestro Padre y con tus hermanos, se encuentran aun más atento a los cambios de comportamiento y elecciones de cuál sería su pareja ideal.

– ¡Eso mismo! – Coincidió Marcus, mostrando su preocupación y tristeza.

Con eso, el viejo continuó afectuosamente:

– Entiendo lo que está pasando en tu alma y en tu corazón, y comparto tu pesar. Después de todo, aunque sabemos que tales desviaciones son temporales, es difícil dejar de lamentar lo que le pasó a nuestra hermana. Sin embargo, sabemos que estás preparado para cumplir con tu deber de la misma forma que antes.

Después de unos momentos, concluyó humildemente:

–Creo incluso que nuestro encuentro se promovió por esa posibilidad. Entonces me puse en voluntad de ayudarte en todo lo que podamos hacer para aliviar las tristes y quizás dolorosas consecuencias de lo que surja de las acciones de nuestra hermana.

Un suspiro escapó entre los labios de Marcus, y buscó energía para seguir adelante en la fuerza del viento que ahora soplaba y en la intensa luz del sol que los calentaba.

Capítulo XVII

Al regresar a sus habitaciones, Cornélia no conseguía controlarse, lo cual no pasó desapercibido para Justa, quien preguntó en tono malévolo:

– ¿Qué pasó, señora? ¿El general ya exigió la presencia de su favorita?

La mirada que le dio a la sirvienta pareció penetrar lo más íntimo de su ser, provocando que ésta temiera a su ama por primera vez desde que llegó a esa casa. Ella ordenó con voz cambiada:

– Quiero que te deshagas de esa esclava inmediatamente, y no me importa cómo la saques de mi casa. ¡Si no desapareces con ella, yo desapareceré contigo!

Justa sintió la fuerza de aquellas palabras y, aunque no sabía qué haría para satisfacer a su ama, no intentó discutir. Sabía bien de lo que era capaz una mujer cegada por el odio.

Por lo tanto, salió silenciosamente y se dirigió al cuartel de los soldados, donde esperaba encontrar ayuda para cumplir aquella orden. Al verla, el soldado que la había ayudado en la noche anterior intentó impedir que se acercara demasiado, acercándose a él y le dijo molesto:

– ¿Qué estás haciendo aquí?

– No te preocupes, no vine a hablar contigo. Mucho menos de un tema que, como te advertí, conviene olvidar.

Más aliviado, preguntó:

– ¿A quién buscas entonces?

– Quiero hablar con Vitório.

– Sigue durmiendo, ya que llegó por la mañana después de pasar la noche en la ciudad.

– Aun así vine a llamarlo y decirle que necesito verlo.

Al notar que Justa comenzaba a enojarse, el soldado regresó al cuartel, reapareciendo poco después con su compañero.

– Ahora déjennos en paz – dijo, en tono autoritario.

Cuando se quedaron solos, fue directo al grano:

– ¿Encontraste a alguien interesado en la sierva?

– ¡Como no! – Exclamó irónicamente –. Cualquiera aquí pagaría cualquier peso en oro por tenerla.

La conclusión del soldado no ocultaba su propio interés.

– No tiene sentido, porque no puede ser así.

Justa dijo esto sin querer entrar en detalles con su cómplice, mientras él insistía:

– Déjame quedármela, que dentro de dos o tres días saldré para Roma, por orden del general, y la llevaré conmigo. Allí definitivamente conseguiré la cantidad que quieras, y sabes que puedes confiar en mí, cuando sea estoy ahí de tu parte.

Aunque se sintió atraída por la propuesta, el recuerdo del acuerdo con su señora hizo que respondiera con convicción:

– Eso no será posible, porque hay que sacarla de aquí inmediatamente.

– Pero no podría aceptarlo ahora, ni siquiera si aceptaras hacer el negocio conmigo.

– Lo sé, pero hoy tengo que enviarla lejos.

Vitório pensó unos instantes y, sin disimular su molestia por haber abandonado a Sarah, asintió:

– Está bien, sé cómo podemos deshacernos de ella.

Al escuchar esas palabras, fue Justa quien dejó ver su irritación con todo eso.

– ¿Quieres decir que había una manera de deshacerte de ella, y aun así intentaste convencerme que te dejara quedártela?

Intentó sortear la situación:

– No es nada de eso. Ustedes saben que aquí, y en estas condiciones de urgencia, no haremos ningún buen negocio. Entonces pensé si podría llevarlo a Roma y conseguir un mejor precio allí.

– Ya te dije que no me importa el precio, porque mi pago será mucho mayor que cualquier cantidad que pueda conseguir.

– Está bien – asintió con ganas de rematar el asunto -, voy a buscar los caballos, pero voy a necesitar tu ayuda para sacarla de aquí.

– ¿Y adónde la llevas?

– Hace unos días llegó a Jope un barco que pertenecía a un comerciante que, estoy seguro, estaba muy interesado en Sarah, ya que solo buscaba jóvenes esclavas. Sin embargo, tenemos que darnos prisa, ya que continuará su viaje a última hora de la tarde.

– Toma los caballos y espérame en las puertas. Sé cómo sacarla de donde está sin que nadie nos vea. ¡Y no olvides que te estaré esperando cuando vuelvas!

Dijo Justa, fijando su mirada fría en Vitório, quien sabía exactamente lo que significaban esas palabras y de lo que sería capaz si él intentaba engañarla.

Así que, tras asentir con un gesto, salió hacia los establos.

Sabiendo que no podía perder ni un momento más, Justa rápidamente se dirigió hacia donde estaba encarcelada Sarah.

Allí, quedó sorprendida por la tranquilidad de la joven, quien al verla entrar no expresó ningún tipo de reacción, permaneciendo inmóvil, tal como se encontraba desde que despertó en aquel lugar. Sin entender cómo podía mantener esa actitud, Justa intentó provocarla:

– ¿Sabes que serás llevada de aquí, a un lugar muy lejano, de donde nunca podrás regresar?

Sarah entonces miró a Justa, y la serenidad que vio reflejada allí la dejó por unos momentos sin saber qué decir ni cómo actuar.

Sin embargo, recordando que Vitório la esperaba, sacó un puñal del cinturón que sujetaba su túnica y advirtió:

– ¡Yo me encargo desde aquí y espero que no me generes mayores problemas, porque si lo necesito no dudaré en hacerte lo que hago con estas cuerdas!

Diciendo esto, rápidamente cortó las cuerdas que ataban a la niña, así como la que aun tenía entre sus labios.

Cuando estuvo libre, Sarah se puso de pie, todavía apuntando el arma que Justa sostenía con fuerza contra su cuello. No se inmutó y habló con el mismo equilibrio de antes:

– No te preocupes, ya que no tengo intención de oponerme a la Voluntad de Dios.

Sin entender a qué se podía referir, Justa pensó que tal vez la joven estaba perturbada, por todo lo que le había pasado.

En cualquier caso, consideraba providencial su locura, ya que le ahorraría esfuerzo y trabajo, si Sarah realmente le obedecía, sin reacción alguna. Entonces dijo con un poco más de calma:

– Creo que es bueno que estés dispuesta a cooperar, ya que yo no tengo más tiempo que perder contigo.

Con la joven sostenida de su brazo, caminó hacia la puerta; luego de abrirla y comprobar que no había nadie alrededor, Justa ordenó:

– Salgamos de aquí y nos dirigimos a las puertas, atravesando las plantaciones. ¿Me comprendiste?

– Sí – asintió Sarah, resignada.

– Entonces vamos.

Rápidamente ambas caminaron por la plantación, desapareciendo en unos momentos.

En la entrada de la propiedad, Vitório ya las estaba esperando, y sin decir una sola palabra, la joven subió al caballo, echando un último vistazo a todo lo que le rodeaba, mientras su nuevo conductor preparaba los caballos para partir.

Al poco tiempo, Sarah ya no podía ver nada del lugar donde había nacido y vivido hasta entonces.

Sin embargo, no tuvo miedo, pues un intenso sentimiento de esperanza la rodeó en ese momento y, sin saber por qué, creyó que aun podía pasarle algo bueno.

Por eso, a pesar de la violenta transformación que la estaba afectando, del hecho que extrañaría a su padre y del miedo a su sufrimiento, Sarah sintió como si una nueva vida comenzara para ella.

Al llegar a la ciudad, todo se resolvió fácilmente entre Vitório y el comerciante, quien a las pocas horas partió de Jope con su barco rumbo a Roma, llevándose consigo a Sarah.

Sin saber lo que le depararía su vida a partir de ahora, la joven se acomodó como pudo en la celda en la que fue internada junto a otras esclavas, quienes, como ella, ciertamente sintieron miedo en ese momento.

Sarah luchó por mantener la calma, lo que llamó la atención de uno de los sirvientes que hacían guardia – más allá, claro, de la belleza propia de la joven, que una vez más destacó entre las demás. Entonces, mientras servía la comida, trató de acercarse, diciendo:

– Espero que la comida sea suficiente.

Conmovida por la amabilidad del muchacho, ella respondió con gratitud:

– No se preocupe. No tengo hambre.

– Pero necesitas comer, que el viaje es largo y después de esta comida solo podré traer otra mañana, a primera hora de la tarde.

–Te agradezco tu preocupación, pero no quiero comer.

Y después de mirar a su alrededor, concluyó:

– Debe haber alguien entre estas jóvenes que necesite este alimento más que yo.

Al ver que no tenía sentido insistir, el chico comentó entonces:

– Bueno, si lo deseas, llevaré tu comida a una esclava, que fue comprada junto con su hijo.

– Haz eso – asintió ella, mostrando un suave brillo en sus ojos.

Al notar su alegría no pudo evitar comentar:

– Nunca he visto a una persona estar feliz de darle a alguien un plato de comida. Mucho menos aquí, donde siempre se ven peleas por un trozo de pan.

Sarah, mirando de nuevo a su alrededor, se dio cuenta de la sorpresa del muchacho y preguntó:

– ¿Como te llamas?

– Pablo. ¿Y tú?

– Me llamo Sarah. ¿Y cuánto tiempo llevas aquí?

Miró hacia abajo, dejando ver su tristeza, antes de responder con cierta dificultad:

– Nací en este barco; por eso, tan pronto como me pudieron separar de mi madre, me trajeron aquí; y ha pasado mucho tiempo.

– Lo siento, no quería lastimarte con esos recuerdos. Solo pensé que hablaríamos un poco.

Al notar la vergüenza de la joven, trató de aliviarla:

– No te preocupes por mí, porque eso es lo que siempre pasa cuando hablo del tema. Pero no me puedo quejar; me tratan bien aquí y sé que muchos de nosotros no tendremos tanta suerte.

Al escuchar esas palabras, un escalofrío recorrió el cuerpo de Sarah y luchó por no quedar impresionada. Después de todo, sabía que esa también había sido su situación hasta entonces, y que podría estar a punto de ver el otro lado.

Como si percibiera sus pensamientos, Paulo dijo con convicción:

– No hay por qué asustarse, porque a ti no te pasará. Es decir, con ninguna de ustedes, ya que todas los que hay aquí fueron comprados especialmente para un senador romano, y por lo que sé, es un amo noble de sus esclavos.

Cierto alivio sintieron todas las jóvenes que estaban allí, y que habían prestado atención a aquella conversación. Sarah declaró:

– No sabes lo que nos hizo el hombre con esta información. Gracias.

Sintiéndose algo avergonzado, el chico se levantó y dijo:

– No necesitas agradecer.

Y concluyó apresuradamente:

– Ahora tengo que volver al trabajo, antes que alguien me extrañe.

Después de ver a Paulo alejarse y cerrar la puerta, Sarah se acostó en un rincón de la celda y trató de descansar, como los demás.

La noche que comenzaba a descender afuera sería larga para ellas.

Capítulo XVIII

Lejos de allí, habían pasado algunas horas desde que la casa de Marcus parecía transformada en el campo de una de las peores batallas que jamás había enfrentado. En vano, Josafá había registrado toda la propiedad en busca de su hija. Solo cuando regresó, a primera hora de la tarde, los sirvientes de la casa le informaron sobre el encuentro entre la señora Cornélia y su hija el día anterior. Aun así, nadie pudo establecer una conexión con certeza entre aquella extraña visita de la esposa del general y la desaparición de Sarah.

Sin saber qué hacer, decidió pedir ayuda a su amo. Recordando cómo lo había tratado la noche anterior y su preocupación por la ausencia de Sarah en el funeral de su madre, confió en que una vez más le brindaría su apoyo para esclarecer lo sucedido allí entre ellas.

Entonces, fue a buscar a Marcus para hablar a solas sobre el asunto, y lo encontró todavía en el jardín, junto a Absalum.

Fue con esfuerzo que durante toda la mañana el general había logrado contener su aprensión ante la falta de noticias de Josafá, y ahora, al verlo llegar solo, sus ojos ven claramente lo que había en su alma. Entonces su amigo acudió en su ayuda:

– Esperemos hasta que nos diga todo lo que quiere, recordando que nunca debemos rendirnos ante la desesperación.

Aquellas palabras parecieron iluminar su razón, haciéndole recuperar un poco de firmeza y autocontrol.

– Perdón por la demora – comenzó diciendo el criado, apenas se acercó a ambos.

Y continuó, dirigiéndose al anciano:

– No te imaginas lo feliz que estoy de verte aquí, Absalum, en este momento tan difícil para mí.

Se levantó y lo abrazó fraternalmente, diciéndole con respeto:

– Entiendo tu dolor, y espero que pronto reine la paz en tu corazón; por la bondad de Dios

Josafá cerró los ojos por unos momentos y luego se volvió hacia Marcus, que estaba ansioso por recibir noticias.

– Mi señor – dijo algo avergonzado –, ante la imposibilidad de encontrar a Sarah en la propiedad, que cubrí por completo, regresé aquí, donde busqué entre los demás sirvientes cualquier información sobre el paradero de mi hija.

Se quedó en silencio una vez más, ya que no se sentía del todo seguro para decir lo que pretendía. Al notar su vergüenza, Marcus declaró con seriedad, pero con amabilidad en su voz:

– No tengas miedo, Josafá. Cualquier cosa que necesites decirnos, ¡estamos aquí para ayudarte!

– Bien, señor, los sirvientes que cuidaban a mi hija, en su habitación, me informaron que la señora Cornélia estaba allí y ordenaron a los demás que se fueran, ya que quería estar a solas con Sarah.

Al escuchar eso, Marcus miró a los ojos de Absalum, quienes, serenos como siempre, parecían estar esperando las últimas palabras de Josafá. No tardó mucho en decirlas:

– Verá, mi señor, ni yo ni los sirvientes de su casa estamos haciendo suposiciones sobre su esposa y nuestra señora. Sin embargo, tal vez pueda decirnos si Sarah pronunció alguna palabra de rebelión, debido a su dolor, que pudiéramos creer que la llevaría a huir de aquí... O, quién sabe, tener alguna otra información sobre su desaparición.

El corazón de Marcus se avergonzó aun más, pues percibió en aquellas palabras no miedo por parte de aquel sirviente, sino respeto, humildad y benevolencia, eximiendo a su esposa de cualquier insinuación.

Sin embargo, al recordar el sueño que había tenido con Naktaf y el extraño sentimiento que lo había acompañado durante todo el proceso, se vio obligado a reconocer que Cornélia, efectivamente, podía saber algo sobre el paradero de Sarah.

A partir de esta conclusión, dolorosa para él, Marcus no vio otra alternativa que ir personalmente a encontrarse con Cornélia, para intentar aclarar todas esas dudas lo antes posible. Y – lo más importante en ese momento –, tratar de evitar un mal aun mayor por venir a Sarah y Josafá, además del dolor que ambos estaban pasando por la muerte de Mirabel.

Pareciendo leer esto en los ojos de su amigo, Absalum dijo amablemente:

– Creo que ya sabes qué hacer. Entonces, nos toca a Josafá y a mí esperar tu regreso para poder colaborar en lo que consideremos necesario.

– Agradecerte tu comprensión y apoyo. Sin embargo, como creo que podría tardar un poco, te pido que acompañes a Josafá a su habitación, ya que necesita descansar. Y tan pronto como tenga respuestas a mis preguntas, me reuniré contigo.

– Como quieras – asintió el anciano, ante la atenta mirada del sirviente, quien esperó en silencio mientras se tomaban aquellas decisiones.

Luego concluyó:

– Vamos, Josafá.

El sirviente aceptó la invitación de su amigo y cuando su amo se dirigió a casa ambos tomaron otra dirección. Una vez en casa, Marcus fue a las habitaciones de Cornélia, lo que lo entristeció. Nunca había imaginado que su hogar algún día podría verse involucrado en eventos como este. Sin embargo, se hicieron esfuerzos para no dudar en el retorno inmediato de la paz y la tranquilidad para todos los que allí vivieron.

Al entrar a las habitaciones de su esposa, la encontró con Justa, ocupándose de pequeños detalles domésticos, como si realmente no supiera nada. Cuando lo vio entrar así, el corazón de Cornélia comenzó a latir salvajemente, pareciendo confirmar el motivo de esa visita. Ella; sin embargo, trató de mostrar alegría por su presencia y, aun con la voz un poco temblorosa, le dijo a su marido:

– Es un placer verte aquí... querido.

Como si no la hubiera oído, Marcus se dirigió a la sierva firmemente:

– Ve a la cocina y no vuelvas hasta que te llamen.

Justa hizo una reverencia y se fue. Y, aunque quería escabullirse por los pasillos para escuchar la conversación, sabía que no debía correr ningún riesgo. Después de todo, el general nunca había sido tan claro en sus órdenes.

La joven, más temerosa del tono duro de las palabras, sintió un frío recorrer todo su cuerpo y supo que no podría mantenerse firme frente a su risueño marido. Antes que él dijera una sola palabra, solo por la firmeza de la mirada que sentía puesta en ella, Cornélia cayó de rodillas a sus pies, diciendo entre lágrimas:

– ¡Perdóname, Marcus! ¡Pero no podía dejar que me lo robara!

Asombrado por lo que vio y oyó, permaneció en silencio mientras su esposa, entre lágrimas, comenzaba un relato desesperado de todo lo que había hecho. Y al cabo de un tiempo, al terminar la confesión, insistió en decir:

– ¡Todo lo que hice fue por amor y para defender nuestro hogar!

Debido al malestar que lo dominaba, fue con dificultad que Marcus permaneció de pie, con Cornélia todavía abrazada a sus piernas, como una niña asustada, que no notó nada más a su alrededor.

Luego, un fuerte vértigo lo hizo sostenerse la cabeza entre las manos. Perdió el equilibrio y cayó violentamente al suelo.

Aun más aterrorizada por lo que acababa de sucederle a su marido, Cornélia salió de la habitación pidiendo ayuda a gritos.

Inmediatamente acudieron en su ayuda los sirvientes, así como los soldados que custodiaban la casa, corriendo a su cuartel para auxiliar al general.

Se tomaron todas las medidas, pero tras las primeras precauciones permaneció inconsciente. De repente, en medio de todo aquel alboroto, apareció en la habitación la figura de Absalum.

Volviéndose hacia él, la joven recordó todo lo que había pasado durante días y le dijo con alivio:

– ¡Gracias a los dioses que estás aquí!

Cornélia corrió hacia él para preguntar por su marido. Sin embargo, tan pronto como ella se acercó, el anciano levantó la mano para detenerla y le dijo con severidad:

– Por favor déjenme en paz con el general.

Esa orden fue rápidamente atendida por todos, incluso por Cornélia, quien a pesar de querer quedarse al lado de su marido, se cubrió con un manto y se fue en silencio.

Cuando se encontró a solas con Marcus, el anciano se arrodilló allí mismo y se entregó a la oración; pidió apoyo y asistencia a favor del paciente, poniéndose a disposición de Dios para colaborar en todo lo posible.

Luego de unos momentos de profunda meditación, se levantó y, sacando una bolsa de tela que llevaba, al lado de su cuerpo, había algunas hierbas que solía tener consigo, caminó hasta donde yacía Marcus.

Comprobando la limpieza de la herida de su cabeza, le proporcionó un vendaje nuevo, ahora empapado en agua caliente mezclada con algunas de las hierbas que había seleccionado cuidadosamente.

Luego, sumergió otras hierbas en el resto del agua y preparó un té fuerte que se depositó en pequeñas cantidades en los labios del general, de vez en cuando, hasta que empezó a recuperar algo de movimiento en sus piernas – y brazos –. Pacientemente, Absalum permaneció allí ministrando con amor y cariño no solo la medicina que había preparado, sino también la fuerza y el favor de sus oraciones, en las que había permanecido concentrado durante todas aquellas horas.

Cuando finalmente despertó, Marcus lo miró asustado, al darse cuenta que por mucho que intentara hablar, nada, ni un solo sonido, salía de él ahora.

Desesperadamente, intentó levantarse. Un intenso dolor en la cabeza lo hizo caer nuevamente sobre las almohadas en las que había estado descansando hasta ese momento.

Al notar la angustia de su amigo, Absalum dijo con benevolencia:

– Calma tu corazón, porque en muchos momentos de la vida reina el silencio de los labios y las bendiciones: ¡la acción del cielo en auxilio de los hijos de Dios!

Como si un extraño bálsamo ahora cubriera todo su cuerpo, penetrando también su mente y corazón, Marcus sintió una enorme paz al sonido de cada una de esas palabras. Al notar su mejoría, el anciano continuó:

– No tengas miedo porque eres capaz de comprender que, a causa de lo que te pasó, los trastornos de tu cuerpo y de tu mente pueden ser más graves y dolorosos, haciendo aun más difícil el camino que sabes que debes emprender.

Las lágrimas cayeron de los ojos de Marcus, dando rienda suelta también a los sentimientos contenidos en su corazón, debido al recuerdo de lo que había escuchado de Cornélia. Como el silencio persistía luego de unos minutos de llanto, buscó la mano que el anciano había dejado en su brazo mientras oraba.

Al sentir su contacto y sentir su llamado, Absalum dijo con renovada esperanza:

– No aflijas tu alma y tu corazón. Después de todo, él sabe que tú podrías decir todas y cada una de las palabras de manera diferente. Y que siempre te harás entender, a través de los sentimientos que sabes imponer en cada gesto y actitud.

Marcus suspiró profundamente. Luego, estrechó afectuosamente la mano que aun tenía en la suya, diciendo con una mirada sincera y penetrante que entendía perfectamente las indicaciones de su querido amigo.

Así, Absalum concluyó:

– Creo que eres consciente que éste es un gran momento para ti. Ya no eres el gran general de Roma, sino un alma de Dios que, si quiere, puede dedicar su tiempo al cumplimiento de su deber mayor, que le ha dado la bendición de estar aquí entre los hombres, en estos días de gloria para todos nosotros.

Mientras una pequeña nube de duda cubría la luz que acababa de aparecer en los ojos de Marcus, fue Absalum quien colocó sus manos entre ellos y dijo con firmeza:

— No temas. Ni permitas que el orgullo te haga inoperante en tu tarea. Confía y haz tu parte, sin olvidar nunca que tu mayor bien es servir y que de ahora en adelante puedas ser más útil a Dios y a su Hijo, que está entre nosotros. Sin embargo, esto solo será así si eres hoy y siempre un fiel servidor de la voluntad divina, ¡y no cualquier otra!

Al final de esas palabras, los ojos de Marcus le dejaron claro que estaba de acuerdo con todo lo que había escuchado de su amigo, y que su corazón estaba más sereno que nunca.

Capítulo XIX

El silencio y la actitud de reverencia en la que Absalum permanecía contagió a Marcus, quien también se entregó a la oración, sintiendo ahora como si una luz fuerte brillara irradiándose por todo el ambiente.

Lágrimas de emoción y alegría cubrieron su rostro, y el recuerdo del mentor Naktaf volvió a hacerse intenso, el sonido de su voz y algunas de las palabras que le había transmitido en una de las conversaciones del pasado parecieron resonar en sus oídos – palabras que hasta ese momento no había podido comprender del todo.

"Sabes que tienes el don de escribir, y que esto te será de gran utilidad desde el presente y el futuro próximo, así como por toda la eternidad. ¡Al final, es siempre a través de ella que la humanidad registrará y transmitirá. sus errores y aciertos, haciendo así los caminos más claros y más cohesivos para cuantos quieran seguirlos!"

Marcus buscó la mirada de Absalum, que encontró tranquila y serena, descansando sobre él. Al notar el carácter de su amigo, dijo dulcemente:

– Ahora que estás mejor, debemos ocuparnos de los asuntos que dependen de tus arreglos. Después, quizás podamos dedicarnos un poco más a la reflexión sobre todo esto.

Entonces, recordando a Sarah, el general intentó levantarse, en lo cual fue ayudado por el anciano, y luego abandonaron la habitación.

En cuanto Cornélia los vio llegar al pequeño patio, donde había esperado durante horas, corrió ansiosa hacia su marido y lo abrazó exultante:

– ¡Qué maravilla verte totalmente recuperado!

– No del todo... todavía – dijo Absalum, intentando suavizar el tono de aquellas palabras.

– ¿Cómo no voy a hacerlo, si lo veo bien, está caminando?

Marcus la sostuvo por los hombros mientras intentaba decir algo.

Al notar el silencio de su marido, la joven retrocedió unos pasos para liberarse de sus manos, preguntando:

– ¿Cómo? ¿Qué pasó para que estuviera así?

– No lo puedo asegurar – comenzó a explicar Absalum en voz baja –, pero he visto situaciones similares, y otras incluso peores, derivadas no solo de una repentina sensación de malestar, así como un fuerte golpe en la cabeza, similar al que sufrió al caer.

– Esto será temporal, ¿verdad?

– Nunca podremos decir definitivamente sí o no.

Cornélia se tapó los ojos con las manos, como si quisiera esconderse de esa realidad, sin poder evitar que el sentimiento de culpa se introdujera en su corazón.

Marcus siguió mirándola inmóvil, porque en esas pocas horas parecía estar conociendo a otra Cornélia: ya no la esposa amable y cariñosa, sino una persona muy diferente y alejada de todo lo que realmente le importaba.

Fue entonces cuando ella, secándose las lágrimas, volvió a dirigirse a él:

– No te preocupes, que mañana partiremos hacia Roma, donde serás examinado por los mejores médicos del Emperador y seguro que volverás a la normalidad.

Marcus dejó que una leve sonrisa apareciera en su rostro y se volvió hacia Absalum, quien, como leyendo en sus ojos lo que había en su alma, dijo serenamente:

– Lo siento señora, pero el general sigue con normalidad, con la gracia de Dios. El silencio en el que se encuentra tiene una razón de ser mayor, que ningún médico puede cambiar.

– ¿Cómo puedes decir algo así? Yo misma ya había entregado mi alma a este Dios tuyo y de mi marido, cuando fui sanada en tu casa. ¿Cómo puedes dudar ahora que Marcus también lo será?

Al cabo de unos momentos, aun más suavemente, Absalum exclamó:

– ¡Hija mía, lo que está sano no se puede curar!

– ¿Sano? ¿Cómo puedes decir eso, si de sus labios no sale ni un solo sonido?

Atenta a su propia necesidad de discutir, Cornélia se mostró insensible al cariño con el que el anciano intentaba aclararla. Y continuó pacientemente:

– Quizás porque ya no necesita palabras para hacerse entender.

Hubo un breve silencio, mientras Cornélia y su marido se miraban, y luego Absalum siguió hablando:

– Mire, señora, no necesitaba escuchar nada. Tome las palabras de su marido para comprender sus deseos. A través de sus ojos, puede ver que se siente solo y que no quiere ir a Roma ni a ningún otro lugar, porque tal vez esté más solo que nunca.

La joven frunció el ceño y dijo ahora con impaciencia:

– No es posible. ¿Cómo puede desear permanecer así? ¿No te das cuenta que un general de Roma no puede ser mudo? ¿Cómo mandarás y ordenarás tu voluntad a los soldados?

Marcus cerró los ojos y, tras un ligero gesto negativo con la cabeza, volvió a buscar la ayuda de su amigo. Rápidamente accedió a esa petición silenciosa y explicó:

– ¡Señora Cornélia, creo que su marido solo quiere, de ahora en adelante, mandar y ordenar su propio corazón y, cuando sea posible, inspirar el corazón de quienes se unen a él por la voluntad de Dios!

Sin poder entender lo que querían transmitirle, ella respondió irritada:

– Creo que debes estar loco, por qué no me convences de esta tontería. Por lo tanto, Marcus, nos vemos mañana para pensar mejor y programar nuestro regreso a Roma. En caso contrario, me iré con Rosa y tendrás que acompañarnos si no quieres vivir aquí solo, con tu mudez.

Los ojos de Marcus se salieron de sus órbitas, lo que hizo que su esposa identificara perfectamente sus sentimientos y supiera a qué se refería. Como una niña asustada y arrepentida después de recibir una severa reprimenda, se apresuró a decir con ternura:

– Perdón por faltarte el respeto de esa manera. Pero debes reconocer que me preocupo por ti y también por nuestra familia. Si insistes en quedarte así, ¿qué será de nosotros?

Luego, Marcus relajó los músculos de su cara esperando que la suave expresión de confianza despertara un intenso brillo en sus ojos.

Y, alzando los brazos al cielo, hizo comprender a la esposa que desde ese momento ¡todos estaban en las manos de Dios! Ese mismo Dios que un día pensó haber aceptado también, pero al que ahora se daba cuenta que no podía entregarse en vida, como lo había hecho cuando estaba cerca de muerte.

Al admitirse estas verdades, sintiéndose cansada y no queriendo tener un nuevo desacuerdo con su marido, decidió silenciar la conclusión a la que había llegado y buscó el consuelo de las almohadas, para dejarse quedar una vez más, sin fe y sin esperanza.

Como si supiera lo que pasaba dentro de su esposa, y que sería inútil intentar que ella lo acompañara una vez más con esa creencia, Marcus se volvió hacia Absalum y le indicó que lo siguiera.

Luego de pasar por varias habitaciones, ingresaron a la cocina y allí sorprendieron a los sirvientes que, a pesar de la hora avanzada, todavía esperaban noticias de su amo.

Marcus caminó rápidamente hacia Justa, quien imaginando el motivo de su presencia, pronto dijo temeroso:

– ¡Lo siento señor, lo siento! Solo soy una sierva que sigue ciegamente las órdenes de su esposa. Por lo tanto, juro que no le hice nada a la joven Sarah que no fuera ordenado por la señora Cornélia.

Ajeno a los hechos, pero sintiendo la necesidad de intervenir en ese momento, Absalum tomó la palabra de su amigo y se dirigió a los demás sirvientes, antes de continuar la conversación.

– Por favor, salgan y podrán ir a sus habitaciones.

Inmediatamente todos se retiraron y él empezó de nuevo:

– ¿Que pasó aquí? ¿Y dónde está Sarah ahora?

Al encontrar extraña esa actitud, Justa miró a Marcus quien, con los ojos fijos en su rostro, exigió una respuesta.

La fuerza que sintió en esa mirada hizo que la sirvienta volviera a bajar la cabeza y dijera:

– Para cumplir los deseos de mi señora, dispuse que un soldado se la llevara de aquí.

– Sí, pero ¿dónde está ella?

Consciente de la situación en la que se encontraba, fue casi en un susurro que pudo decir:

– Fue vendida a un comerciante que salió de Jope con su barco hace unas horas.

Marcus sintió que el corazón se le hundía en el pecho cuando escuchó eso. Absalum continuó preguntando:

– ¿Y a dónde fue el comerciante?

Cada vez más asustada por el silencio de su amo, y sintiendo su fuerza en el brazo que ahora la sostenía, Justa rompió a llorar y respondió:

– Dijo que iría a Roma, ya que llevaba un pedido especial de esclavas para alguien que lo contrató para esta tarea. Y...

Se interrumpió intencionadamente, porque, a pesar de su miedo, quería ver la reacción que aquellas palabras provocaban en el general. Y luego concluyó rápidamente:

– Afirmó que después de la adquisición de hoy ya no habría motivos para continuar la búsqueda. No le importó, por tanto, pagar la suma que le pedíamos por la joven.

Marcus buscó apoyo en la mesa detrás de él, abrumado por una inmensa debilidad.

Ante la gravedad de la situación, Absalum intervino nuevamente con serenidad y sabiduría, sugiriendo a su amigo:

– Bueno, ya sabemos lo que pasó y que su pérdida no fue tan grande, ya que cobraron un buen precio por la sierva que le pertenecía. Ahora podemos regresar a tus habitaciones; aun necesitas descansar hasta que te recuperes por completo de tu accidente doméstico.

Sin entender la intención de esas palabras, Marcus miró con asombro al anciano, que todavía estaba contemporizando mientras lo ayudaba a salir de la cocina:

– Y mientras descansas, yo mismo me encargaré de recibir lo que por derecho te corresponde.

Dirigiéndose nuevamente a Justa, afirmó, antes de partir:

– Y tú, espera aquí, porque pronto regresaré para tratar este asunto.

Un poco confuso, pero sintiendo la firmeza de las manos quien lo apoyó, Marcus se dejó guiar por su amigo sin mostrar ninguna reacción contraria a su sugerencia.

Desesperada, Justa se aisló en un rincón de la cocina, donde esperaría a Absalum sabiendo que, en la situación en la que se encontraba, incluso podría ser conducida a la muerte.

Capítulo XX

Ya en los aposentos del general, dijo Absalum con cierta austeridad en la voz:

– Todavía no sé todo lo que pasó aquí. Pero por favor mantén la calma y confía, porque si es la voluntad de Dios podremos revertir los hechos.

Incluso sin saber lo que su amigo estaba pensando hacer, un brillo de esperanza apareció en los ojos de Marcus y, agradecido, besó las manos que aun lo sostenían.

Fue entonces cuando el anciano le advirtió con cariño:

–¡Amigo mío, no dejes que las actitudes te traicionen, ahora que estás protegido de los engaños de las palabras!

Como si la razón se le iluminara nuevamente, recuperó el equilibrio que tenía antes, acomodándose en la cama para el necesario descanso.

Al notar su actitud de comprensión, Absalum lo dejó descansar y regresó a la cocina, donde encontró a Justa acurrucada en un rincón. Esta, muy asustada, solo pareció volver a la realidad cuando sintió que alguien intentaba levantarla suavemente; Entonces, cuando vio quién era el anciano que la ayudaba, preguntó desesperada:

– Señor Absalum, sé que tú puedes salvarme, con la influencia que tienes sobre mi señor. ¡Por eso te ruego que quites la espada que pesa sobre mi cabeza, pues no he hecho más que cumplir las órdenes de mi señora!

Como si supiera que había mucho más de lo que decían las palabras, preguntó en voz baja:

– Siendo tu señor un hombre justo y leal en el cumplimiento de sus deberes, ¿por qué crees que te condenaría por obedecer una orden de tu señora? ¿Hay algo más en este hecho que su voluntad?

Como si los ojos del anciano penetraran en su alma, Justa apartó la mirada. Sin embargo, sintiendo que esa fuerza irresistible la atraía ahora hacia él, logró enfrentarlo y por primera vez en muchos años dejó que lágrimas sinceras cubrieran su rostro, mientras decía:

– ¡Todo lo que he hecho en mi vida es solo porque quiero libertad! Aunque sé que el odio y el desprecio que intento sentir por mis amos no son ciertos, trato de justificar mis actitudes con tales sentimientos.

Después de escuchar ese arrebato, Absalum dijo en voz baja:

– ¿Y crees que la mayor libertad que se puede obtener es esa que quieres lograr?

Sin llegar al alcance de lo que el anciano quería transmitirle, se secó las lágrimas, a la espera de mayores aclaraciones, las cuales no tardaron.

– Hija mía – prosiguió con ternura –, ¡no hay libertad plena en este mundo, ni en ningún otro, cuando nuestra alma está atada a actos que nos hacen responsables del dolor ajeno!

Los ojos de Justa se dilataron, mostrando su expresión de espanto, pero ella permaneció en silencio, como si supiera que necesitaba escuchar eso.

Sintiéndose libre de expresar lo que considerase oportuno, continuó:

– El estado servil en el que te encuentras, debido a la posición que esta sociedad te impone, no debe ser visto como definitivo para ti. Piensa que tu cuerpo y todas sus energías, así como tus deseos y voluntades, deben ser dirigidos temporalmente por aquellos a quienes sirves, para su propio bien.

Encontrando muy extraño lo que escuchaba, pero sometida a la fuerte impresión que le causó el tono de esas palabras, no pudo interrumpirlo. Por lo tanto, Absalum continuó:

– Créeme, todo lo que pasamos en esta vida tiene un motivo mucho mayor y más justo que los simples caprichos de nuestra voluntad, lo que nos hace suponer que si estuviéramos en otra situación, seríamos más felices. ¡Nuestra dulce ilusión! Estoy seguro que, dado lo que pasó aquí, tu razón es que no puedes ser feliz a costa del dolor impuesto a los demás. Y es por eso que continúas una esclava, no de sus amos, sino de ti misma, actuando por instintos de egoísmo y orgullo y no por sentimientos de amor y fraternidad. Cuando empiezas a ver en tus tareas que cumples con la gran oportunidad que es servir a alguien, comprenderás que muchas veces aquellos a quienes servimos son los que más se parecen a los esclavos, en el exacto sentido de la palabra. Esclavos de la usura, la pereza y todos los excesos a los que pueden entregarse hombres y mujeres, cuando dejan de poner sus propias manos en el trabajo y construir algo mejor, tanto para ellos como para todos los que les rodean.

Al escuchar tales explicaciones, Justa quedó como transportada, y los sentimientos de paz que ahora la envolvían la hicieron hablar casi sin darse cuenta:

– Sé que hoy soy capaz de servir en la forma que me dices. Sin embargo, si efectivamente existe la posibilidad de algún día construir una sociedad mejor para todos, te juro que quiero aprender a servir así, para que esto pueda suceder.

Al ver la sinceridad en aquellas palabras, confirmada por el brillo que apareció en los ojos de Justa, Absalum dijo alegremente:

– Bueno, no solo sé que existe esa posibilidad, ¡te garantizo que ya comenzó!

Aquella poderosa declaración hizo que Justa se sintiera envuelta en una luz intensa, y con el corazón latiendo cálidamente dentro de su pecho, exclamó cayendo de rodillas ante él:

– ¡Porque quiero servir, ahora y siempre, de esta manera correcta! Ya no desearé la libertad, sino la felicidad suprema de cumplir con mis deberes, cualesquiera que sean, buscando liberar mi alma y mi corazón de todo aquello que me aleja de eso más grande, de esa libertad verdadera que he podido. para lograr sentir lo que acabo de escuchar.

Absalum una vez más se inclinó ante ella, la ayudó a levantarse y la invitó:

– Entonces, a esta nueva persona que sé que está surgiendo aquí, quiero pedirle que me ayuden a traer a la joven Sarah nuevamente a los brazos de su padre.

Justa asintió y por primera vez en su vida aceptó una tarea con el sincero deseo de hacer el bien, de ofrecer lo mejor que pudiera, lo que, sin duda, fue el paso inicial para llevarla hacia el amor ¡que es la verdadera libertad para nuestras almas!

Capítulo XXI

Mientras se dirigían al alojamiento de los soldados, para hablar con Vitório, Absalum escuchó por boca de Justa todo lo ocurrido entre Cornélia y la joven Sarah.

En ningún momento intentó eludir su responsabilidad. Narró detalladamente su astuto plan para obtener de su señora la tan ansiada libertad, sin dejar de reafirmar, finalmente, su sincero deseo de cambiar su forma de ser.

Ahora consciente de todos los hechos, Absalum supo que no sería fácil traer a Sarah de regreso a aquel hogar, no solo por la distancia que aumentaba a cada momento, sino sobre todo porque comprendió que en el corazón de Cornélia se había levantado un muro, el del orgullo. De lo poco que ya había revelado sobre lo sucedido a su marido, ¿qué no podía esperar cuando se enterase de su deseo de recuperar a su sierva?

Sería difícil que alguien le hiciera entender que ese deseo no se basaba en el motivo que ella tenía en la mente, la cual estaba trastornada por la discordia sembrada.

Allí; sin embargo, estaba el ideal de justicia que siempre había guiado las decisiones de Marcus.

Aun así, sabía que no podía desanimarse, cualesquiera que fueran los obstáculos que enfrentara. Después de todo, todavía había otros corazones involucrados en tales eventos, que sin duda merecían todos los esfuerzos para ser apoyados: ¡los corazones de Josafá y su hija Sarah! Por eso, frente a Vitório, que se comprometía a mostrar calma, no se apresuró a decir:

– Estoy aquí para cumplir un pedido del general.

La noticia provocó un visible temblor en el soldado. Pero, ante la atenta mirada del anciano, se alejó de los demás soldados para que no los escucharan y preguntó:

– Bueno, ¿qué quiere el general de mí?

La respuesta llegó con la serenidad habitual del anciano:

– Nada que te resulte difícil de lograr. Solo me pidió que viniera a recibir lo que le correspondía, por la venta que se hizo de una de sus siervas.

Ahora estaba seguro que Justa lo había traicionado, a pesar de sentir la sangre hirviendo en sus venas logró decir con cierto esfuerzo:

– Disculpe señor, pero quisiera entregar personalmente el monto adeudado al general, para poder reafirmarle mi lealtad y aclarar que lo que hice fue por órdenes de su esposa.

Al comprender la intención evasiva del soldado, Absalum insistió cautelosamente:

– Entonces sígueme, porque no solo me está esperando para recibir lo que le pertenece, así como hacer el recibo que debe darse al comprador de la sierva.

El soldado miró a Justa, que permaneció en silencio. Al no encontrar allí ninguna referencia, como en otras ocasiones, no supo qué hacer ni decirle al anciano, que seguía observándolo. Finalmente intentó una excusa:

– ¡Pero señor, el comerciante ya se fue!

– Sí, lo sabemos, y es una de las razones por las que es urgente actuar. Después de todo, ¿quién compraría una esclava en una ciudad bajo el control de Roma sin el recibo adecuado? ¿Cómo puede negociarla ahora?

Absalum conocía bien la legislación romana y también sabía cuántas personas la eludían. Por eso continuó:

– Sabes que el general es un gran hombre y cumple con todos sus deberes. Que nunca violaría ninguna de las leyes de Roma, especialmente las leyes fiscales, establecidas por el Emperador. Como sabes, tanto el comprador como el vendedor de un esclavo deben pagar honorarios.

El cuerpo del soldado estaba bañado en sudor, mientras sus manos temblaban, aun sosteniendo una taza de agua.

Al darse cuenta que había llegado a donde quería, Absalum dijo simplemente:

– Tenemos que localizar al comerciante lo más rápido posible y asegurarnos que todo se hace como marca la ley. O, alternativamente, deshacer el negocio sin causar daño a nadie.

Impulsado por esas palabras a darle la razón al anciano, Vitório no sabía qué hacer, porque, además que el comerciante ya había abandonado Jope, estaba el problema del dinero recibido por la venta de Sarah; parte de él ya se lo había entregado a Justa nada más al regresar de la ciudad y, como ella no dijo nada, no sabía si se lo devolvería.

Cuando el soldado buscó en su mente algo que pudiera decir en su beneficio, la sierva intervino:

–Aquí está mi parte del negocio.

Sorprendido por aquella actitud, pero incapaz de intentar comprender sus razones, el soldado sacó de su cinturón una pequeña bolsa donde llevaba su parte del dinero, terminando por sugerir, con un poco más de convicción:

– Si lo deseas, puedo empezar a buscar al comerciante. Solo es necesario que tenga la autorización del general para regresar a Roma, ya que allí es donde podré encontrarlo.

Satisfecho con lo que escuchó, pero considerando que el asunto era demasiado delicado para que el soldado lo resolviera, Absalum dijo con seguridad, mientras extendía su mano para recibir la cantidad:

– Lo mejor que puedes hacer es entregar el dinero al general, y dejarlo decidir cómo se debe hacer. Acerca de tu lealtad, ten la seguridad porque yo mismo he sido testigo, hablaré a tu favor en conversación con él.

Y, sin darle tiempo a Vitório para cuestionar la decisión, se dirigió a Justa y concluyó:

– En cuanto a ti, necesito que vayas donde Josafá y le pidas que me encuentre en la entrada de la casa. Eso sí, ten cuidado con lo que dices.

Cumpliendo el deseo de Absalum, la sierva se alejó mientras se despedía del soldado, dejándolo seguro de ser absuelto ante el general.

Al regresar sin demora a las habitaciones de Marcus, que esperaba noticias, Absalum lo encontró todavía en la cama. Su ansiedad era clara, lo que llevó a su amigo a decir:

– Sé que tu corazón está entristecido por lo sucedido. Pero necesito advertirte nuevamente: si las palabras pueden conducirnos por los caminos que deseamos, no siempre logramos lo mismo con los sentimientos. Y estos, cuando no están bien educados, a veces nos llevan por caminos que nunca querríamos recorrer.

Una vez más, Marcus entendió la preocupación de su amigo y, calmando un poco sus emociones, esperó a que le dijera lo que quería.

Luego el anciano narró todos los detalles de lo que había visto de Justa, así como la conversación con Vitório, en la que le había hecho concluir que su intención era traer de vuelta a Sarah ya que había sido comercializada de manera irregular y no por el interés de su amo – versión que sin duda, aunque ambos sabían que no era cierta -, lo comprometería aun más con su esposa y también con la sociedad romana, ávida de escándalos de esta naturaleza, especialmente cuando los protagonistas eran personas conocidas como ejemplos.

Al notar la sabiduría con la que Absalum había manejado el problema hasta ese momento, Marcus no pudo evitar admitir que, si hubiera estado solo en ese momento, podría haberlo arruinado todo, no solo por las calumnias que la situación traería consigo, sino por la falta de serenidad y el equilibrio para actuar de la manera correcta.

Reconoció que siempre había logrado implementar sus intenciones, por muy buenas que fueran, solo mediante imposiciones y amenazas a sus subordinados, sin transmitir a ninguno de ellos sus verdaderos valores y los ideales por los que luchaba.

Tan pronto como formuló esta conclusión, el anciano, que parecía seguir sus pensamientos, dijo afectuosamente:

– No reprimas el dedo de la culpa que pesa sobre tu conciencia y tu corazón. Ahora sabes algo más sobre ti mismo, lo que significa que muchos otros logros pueden surgir a través de este conocimiento. No permitas, entonces, que los errores del pasado te impidan caminar. Además, el hecho que, si te equivocaste en la forma, al menos acertaste en la intención, pesa a tu favor. Por lo tanto, ahora solo te corresponde a ti guiarlos a ambos con discernimiento.

Algunas lágrimas brotaron de los ojos de Marcus en ese momento cuando, aunque entristecido por lo que había concluido sobre sí mismo, un sentimiento especial surgió en su corazón. Era una brisa de esperanza que le decía que tendría una nueva oportunidad.

Por eso, elevó su pensamiento a Dios en oración, porque esta vez actuaría de la manera correcta, para finalmente realizar sus ideales.

Después de estos minutos de reflexión y ya más dispuesto, Marcus recordó la difícil tarea que aun les quedaba por cumplir, comunicar a Josafá lo sucedido con Sarah.

Como otras veces, buscó orientación en su amigo, quien pronto respondió:

– Sé que lo peor está por llegar. Le pedí a Justa que le dijera a Josafá que lo estaría esperando aquí, en la entrada de la casa, como necesitaré tu ayuda para contarle lo que pasó.

Sabiendo cuánto sufriría ese padre con la noticia, Marcus suspiró profundamente y lamentó su limitación actual, no pudiendo decirle nada que expresara su solidaridad. Sin embargo, sabía que la única forma de demostrarlo claramente era esforzarse por recuperar a su hija.

Entonces, acompañado de cerca por Absalum, se dirigió al patio frente a la segunda ala, donde se encontrarían con Josafá. Tan pronto como Justa le dio el mensaje, rápidamente se dirigió al lugar indicado.

Por mucho que intentara mantener la confianza, el corazón de padre parecía decirle la verdad y como si lo preparara para lo que escucharía. Por lo tanto, cuando vio acercarse a su señor y a Absalum, esperó en silencio, demostrando una vez más su humildad.

Ante lo delicado del momento, el anciano habló, con cariño:

– Josafá, antes que nada quiero decirte que estamos aquí como tus amigos.

Gruesas lágrimas cayeron de los ojos del criado, quien permaneció en silencio, mientras Absalum comenzaba aquel triste relato. Al final, dando rienda suelta a sus lágrimas, el sirviente volvió a pedir apoyo a su amo. Ansioso por escuchar de él las palabras de esperanza que tanto necesitaba, preguntó:

– ¿Qué será de mí ahora, señor?

Sintiendo su corazón apretado dentro de su pecho, Marcus no sabía qué hacer para aliviar el sufrimiento de Josafá; ante la imposibilidad de decir algo, se arrodilló frente a él en un gesto sincero, que representó su pedido de perdón.

Sorprendido por aquella actitud, el criado ya no sintió que las lágrimas corrían por su rostro, cuando Absalum intervino una vez más:

– Sabemos lo difícil que será revertir esta situación. Sin embargo, ¡no olvidemos que Dios vela por todos nosotros!

Y acercándose un poco más a ambos, elevó al cielo una sentida oración:

– Señor, Padre Nuestro, que nos ama a todos sin distinción, ayúdanos en este momento a encontrar la mejor manera de solucionar este problema. ¡Apóyanos, para que no nos dejemos llevar por sentimientos contrarios a Tus leyes de amor, y haz del perdón y de la tolerancia nuestro sustento en todo momento, hasta que la victoria sobre nuestros desafíos nos sea posible!

Con la recuperación de sus fuerzas y emociones, aquellos hombres se miraron fraternalmente y, mientras sus amigos ayudaban a Marcus a levantarse, sintieron que la fe y la confianza mutuas que los unían no se irían en un instante. en sus corazones, ante el camino que tendrían que emprender.

Capítulo XXII

Por largo y difícil que había sido aquel día, también lo fue la noche, que pareció interminable para aquellos tres hombres, que permanecieron inmersos en sus pensamientos incluso después de retirarse a dormir para el descanso necesario.

Josafá luchó por mantener la esperanza, a pesar de todos los engaños que sabía que habían ocurrido entre Sarah y la señora Cornélia, involucrando a su amo, así como la preocupación por su estado de salud.

Marcus, a su vez, desconocía cómo debía actuar con su esposa de ahora en adelante, ya fuera por la distancia de intereses que había surgido entre ellos, o porque reconocía que tal vez nunca la hubiera amado como ella quería. Sin embargo, sabía que nunca podría faltarle el respeto al ceder a una pasión, como ella creía que había hecho.

Mientras tanto, Absalum, consciente de las dificultades que atravesaban sus amigos en aquel momento, pasó casi toda la noche en oración, tratando de comprender la situación, la voluntad de Dios y los caminos que Él indicó a seguir ahora.

Entonces, apenas los primeros rayos de Sol brillaron en la inmensidad del cielo, se reunieron nuevamente en un intento de encontrar una solución al problema que los aquejaba. Entonces Absalum comenzó con serenidad:

– Ante sus problemas personales y domésticos, Marcus, creo que lo mejor es que te quedes en casa, mientras Josafá y yo salimos a buscar a Sarah en Roma.

Y, aunque notó la mirada decepcionada de su amigo, continuó:

– Aun sabiendo que su presencia fácilmente nos abriría muchas puertas, ahorrándonos mucho trabajo, estaríamos arriesgándonos demasiado a los comentarios maliciosos de una ciudad entera, al verlo de regreso en circunstancias tan curiosas. Además, aquí tienes una tarea importante a la que debes dedicarte, para que podamos regresar tan pronto como encontremos a Sarah y lleguemos a un acuerdo con su comprador. De hecho, si este hogar no consigue volver a encontrar la armonía, incluso creo que lo mejor sería dejarlo lejos de aquí.

Al oír eso, Josafá sintió que el corazón le latía con fuerza dentro del pecho y, casi llorando, dijo:

– Mi señor, sabes cuánto te respeto, así como a este hogar y a tu familia; sin embargo...no soy nada sin mi hija...

Sensible a su dolor, Marcus intervino con un gesto firme, pero gentil, tocándolo en el hombro y demostrando que aceptaría la sugerencia de Absalum. Surgiendo un nuevo brillo ante los ojos del sirviente, quien comenzó a escuchar atentamente las instrucciones del anciano, para poder partir ese día.

Se hicieron todos los arreglos y, a primera hora de la tarde, ambos se dispusieron a emprender ese viaje, llevando en el corazón mucha esperanza: regresar pronto y traer a Sarah con ellos.

Sin embargo, una disposición contraria persistió en el corazón de Cornélia, quien observó todo el movimiento que generaba aquella esclava y quien, a pesar de arrepentirse, no pudo evitar la idea que podría convertirse en un riesgo para su matrimonio, al recordar su belleza y su dulzura.

Por eso, en cuanto se encontró con Justa en la intimidad de su aposento, buscó nuevamente ser ayudada por la criada. Sin embargo, después de escuchar todos los temores de Cornélia, siguiendo las instrucciones que Absalum le había dado antes de irse, intentó argumentar:

– Mi señora, sé que lo que voy a decir puede parecerle extraño, pero tal vez sería más seguro tenerla en la mira.

En efecto, la joven quedó asombrada de lo que escuchó, a lo que el criado añadió:

– Aunque el general dejó claro que no tenía ningún interés en Sarah, sabemos que no renunciaría a acercarla a su padre...

Justa alargó un poco más esa interrupción, haciendo que su señora preguntara ansiosamente:

– Sí, ¿y qué más?

– Y, por otro lado, su mayor preocupación se debe a que se está comercializando en Roma de forma irregular, lo que podría alertar a las autoridades locales sobre su origen en esta casa. ¡Esto, sin duda, traería mucho daño y descrédito al general!

Al no haber pensado en esa posibilidad, Cornélia ahora estaba asustada, ya que sabía cuán estricta era la ley contra los defraudadores fiscales y lo que podría implicar que tal delito fuera cometido por un hombre que se suponía debía hacer cumplir y defender las leyes romanas, como era el caso. el caso de su marido.

Sintiéndose un poco temblorosa por la conclusión a la que la habían llevado, volvió a preguntar a la criada:

– ¿Qué debo hacer para ayudar a mi marido?

– Bueno, señora, creo que la primera actitud es ser más comprensiva con su decisión de quedarse aquí, aunque esté enferma; luego, dejar que las cosas sigan su curso con naturalidad, si encuentran a la chica y logran traerla de vuelta.

Y, para terminar, afirmó con un nueva entonación:

– Considerando todo lo que ha hecho, no creo que su marido no haya aprendido algo.

Halagada por las últimas palabras, y ahora más confiada, Cornélia asintió, ya tranquila:

– Tienes razón. Y aunque sigo preocupada por la salud de Marcus, no debo molestarlo más con mis pensamientos de partir hacia Roma. Al fin y al cabo, sé que lleva mucho tiempo soñando con esta separación y con la renuncia a sus deberes.

Y tras reflexionar unos instantes, concluyó:

– Quizás este dolor realmente surgió para ayudarlo a hacer lo que siempre quiso...

Sin entender lo que podría hacer su señora, refiriéndose, pero feliz de haber contribuido a devolver la armonía a aquel hogar, Justa prefirió guardar silencio.

Cornélia, mientras tanto, pareció recordar algo muy lejano, lo que la hizo despedir a la criada, diciéndole que descansaría un rato hasta la hora de cenar.

Capítulo XXIII

Durante todo el viaje, Pablo estuvo lleno de afecto por Sarah, y había afecto sincero naciendo entre ellos.

Esto también la hizo sentirse cada vez más segura sobre el futuro. Aunque sabía que habría muchas transformaciones en su vida, no temía tales cambios, ya que parecía preparada para afrontarlos.

Así llegó esa mañana a Roma el barco que la transportaba, y en el momento en que la joven pisó esa tierra, su corazón estaba tranquilo y lleno de esperanza.

Tan pronto como pudo, Paulo vino a traerle las noticias que había obtenido sobre el destino que le esperaba.

– Sarah, escuché que pronto tú y las otras jóvenes serán entregadas al senador que se las ordenó a mi señor.

Al notar la tristeza del chico, intentó consolarlo, aunque en ese momento se sintió un poco aprensiva.

– No vamos a dejar que la tristeza nos domine, porque ya sabíamos que sería así.

– Lo sé, pero esperaba que pudiéramos pasar más tiempo juntos, si el senador no estaba en Roma.

– Y, ¿de qué serviría eso? ¿Crees que podríamos posponer esta despedida para siempre?

Admitiendo que ella tenía razón, se acercó un poco más para decirle lo que estaba pasando en su corazón:

– Sé que tal vez me estoy precipitando, pero desde el primer día que te vi surgió en mí un sentimiento que nunca antes había experimentado por nadie. Por eso, me gustaría saber si puedo sostenerlo en mi pecho.

Sarah sentía un cariño inmenso por el chico, pero el sentimiento que albergaba su corazón era diferente al que él esperaba recibir. Entonces, actuando con sinceridad, sin dejar de ser afectuosa, soltó:

– Paulo, te tengo un gran cariño, además de agradecimiento por la atención que me brindaste y por lo que dices sentir por mí. Sin embargo, no puedo permitir que te hagas ilusiones sobre mí.

Y cuando vio el brillo que había en los ojos del chico, continuó:

– No dejes que mis palabras enfríen tu corazón sano. Por el contrario, utiliza este sentimiento nacido para buscarlo en otro corazón que pueda corresponderte, porque, si no soy yo, seguramente habrá alguien que te merezca y te corresponda.

La dulzura de aquellas palabras pareció consolar mucho al joven, quien, aunque triste, se sentía confiado en seguir alimentando ese amor hasta que un día también pudiera recibirlo.

Fue entonces cuando notaron mucho movimiento a su alrededor, pues también escucharon el ruido de caballos que se acercaban.

Subiéndose a las mercancías amontonadas a su alrededor, Paulo vio que se acercaba una escolta de soldados, lo que le hizo comprender que la despedida de Sarah se adelantaría algunas horas. Por eso, rápidamente bajó y le preguntó:

– Respeto tu decisión, pero prométeme que si necesitas algo acudirás a mí, aquí donde siempre estamos anclados.

Conmovida por el cariño de su nueva amigo, Sarah estuvo de acuerdo:

– Está bien. Iré a buscarte si eso sucediera.

Luego de abrazarla fuertemente, Paulo la dejó con las demás esclavas, luego de escuchar el llamado de su amo, sorprendido por esa repentina visita.

Al acercarse recibió la orden:

– Llevar a las jóvenes nuevamente al sótano, ya que parece que la ansiedad del senador no le permitirá esperar hasta la tarde para recuperar lo que le pertenece.

Con el corazón apesadumbrado, regresó aun más rápidamente junto a las esclavas, diciendo con pesar:

– Vamos, es hora.

Conscientes de lo que podían significar esas palabras, algunas jóvenes se abrazaron, mientras otras soltaban lágrimas.

Sin embargo, obedeciendo a su amo, Paulo hizo que todos volvieran a subir a la barca.

Mientras esperaban, Sarah intentó consolarlas, lo que no impidió que su corazón también latiera más rápido cuando Paulo reapareció para recogerlas.

A pesar del miedo que sentían, todas subieron en silencio a cubierta, donde los esperaban el comerciante y el senador.

Ante tan extraña figura, las jóvenes se miraron entre sí, sin que se hiciera el menor ruido. De pie, apoyado por un soldado, un caballero esbelto y abatido las miraba una a una, como si buscara a alguien.

Sus ojos parecían iluminados por un sentimiento intenso que temían comprender. Después de examinar a la última joven, interrumpió su observación, preguntando ansiosamente al comerciante:

– ¿Estás seguro que todas estas jóvenes nacieron en Jope?

– Sí – respondió rápidamente el comerciante.

– ¿Y cuántos años tienen?

– Como preguntaste, todas tienen veinte años.

– ¿Y les preguntaste a todos por el nombre de sus madres? Sabiendo que no había prestado atención a ese detalle, el comerciante quiso justificarse:

– Lamentablemente no pude tener eso en cuenta, ya que algunas de ellas no conocían a sus madres.

Irritado por esa respuesta, el senador afirmó:

– ¿Y crees que te las pagaré todos, aunque no cumpliste a cabalidad con mis órdenes?

– Pero, señor... – intentó discutir el comerciante, pero fue interrumpido.

– ¿Quién crees que soy? ¿Algún viejo loco y pervertido que quiere rodearse de jóvenes esclavas para su satisfacción personal?

Al ver que se había equivocado en el juicio sobre su contratista, intentó llegar a un acuerdo:

– No, señor senador, eso nunca se me pasaría por la cabeza. Conozco muy bien su reputación de hombre justo y honesto, y que nunca se prestaría a tal actitud.

Sabiendo que esto era solo una excusa del comerciante, pero cansado de esa discusión, el senador concluyó casi en un arrebato:

– Bueno, ya sabes que solo me interesa una chica joven. Y solo espero tener todavía tiempo para encontrarla.

Se hizo un profundo silencio y por unos momentos el hombre pareció regresar pensativo al pasado. Luego, con la voz entrecortada por la emoción, empezó de nuevo:

– Bueno, acabemos con esto rápido, que seguro que la hija de Mirabel no estará aquí.

Al escuchar ese nombre, Sarah sintió que su corazón volvía a latir fuerte en su pecho, y aun con un nudo en la garganta alcanzó a decir:

– El nombre de mi madre era Mirabel.

Entonces el senador se volvió hacia ella y, como si no pudiera creer lo que acababa de oír, le preguntó con ansiedad y con lágrimas en los ojos:

– ¿Cómo te llamas y dónde naciste, niña?

Asustada, al sentir las manos del senador que ahora la sostenían, respondió:

– Mi nombre es Sarah y nací al pie de los cerros de Jope, mi señor.

– ¿Y tu madre, de dónde era?

– Por lo que sé, fue llevada a esas tierras como esclava, luego que soldados romanos encontraron y destruyeron el campamento donde vivía con sus padres, cerca del desierto.

Con voz aun más emotiva, insistió:

– ¿Y dónde está ella ahora?

El silencio de Sarah y las lágrimas que caían de sus ojos tristes hicieron innecesaria una respuesta, lo que lo llevó a abrazarla con fuerza. Sin saber qué hacer, se dejó envolver por esos brazos que, a pesar de ser ahora frágiles, indicaban que alguna vez habían sido muy fuertes y ágiles.

Y, mientras todos a su alrededor observaban en silencio, finalmente pudo preguntar:

– ¿Conocías a mi madre?

Como llevado a la realidad, el senador se alejó de ella, antes de responder:

– Sí. Pero necesitaré algo de tiempo para contarte todo lo que quiero.

Dirigiéndose al comerciante, concluyó:

– Lograste realizar tu encomienda. Por lo tanto, te pagaré la totalidad, según lo acordado.

Los ojos del comerciante brillaron, porque ya tenía en mente obtener un beneficio aun mayor con la venta de las esclavas rechazados por el senador.

Fue entonces cuando Sarah preguntó respetuosamente:

– Señor, ¿las otras jóvenes no estaban incluidas en el precio pagado por este servicio?

Sin entender el motivo de la pregunta, dijo simplemente:

– Creo que sí, porque lo contraté exclusivamente para este viaje.

– Entonces, ¿por qué no te las llevas a todas?

La sinceridad de la respuesta fue evidente:

– No deseo ser atendido por estas jóvenes, y nunca he tenido esa intención.

– Sí, yo creo. Aun así, por favor, no las dejes aquí – insistió, ansiosa por el futuro de aquellas 3 jóvenes.

Un poco confundido, pero notando la súplica en sus palabras, decidió responderle.

– Está bien. Tomémoslas.

Muy en contra de su voluntad, el comerciante acató la decisión, reuniendo una vez más a las esclavas y llevándolas al Sol, que esperaban junto a los caballos. Y, al oír el sonido del oro chocando dentro de la bolsa que le regaló el senador, rápidamente recuperó el buen humor.

Sin entender lo que todo eso significaba, Sarah se sorprendió aun más cuando se encontró colocada en un hermoso caballo al lado del senador, quien no dejaba de examinarla, como si buscara objetos que pudieran identificarla con sus recuerdos.

En cualquier caso, la joven pensó que lo mejor era quedarse silencio hasta el momento en que le dijo lo que quería, tal como le había anunciado, y se dejó llevar por soldados a la residencia del senador.

Capítulo XXIV

Una hermosa propiedad apareció detrás del muro de piedras, que lo rodeaban y protegían de los transeúntes de la calle.

Allí reinaba gran emoción y mucho alboroto, aunque los soldados intentaron bloquear el tráfico en la acera de la residencia del senador.

Sarah notó inmediatamente la diferencia entre el lugar donde estaba y su Jope, tranquilo y silencioso; y aunque intentara no sucumbir a la tristeza, un intenso sentimiento de nostalgia insistía en instalarse en su corazón.

Pese a ello, permaneció en silencio hasta el momento en que, después de ordenar que se instalaran las otras jóvenes en las dependencias de servicio de la casa, el senador afirmó austeramente, delante de todos:

– Sarah, ven conmigo para que hablemos y puedas recibir lo que por derecho te pertenece.

Sin imaginar a qué se refería ese hombre, ella volvió a seguir sus órdenes. Tan pronto como se vieron a solas, preguntó, tratando de no disgustarlo con su indiscreción:

– Señor Senador, sé que le pertenezco y que solo a mí me corresponde escucharle y obedecerle. Por eso le pido que perdone mi descaro, pero no entiendo qué está pasando aquí ni por qué me ha estado buscándome, o a mi madre, como decía en aquel barco mercante.

Entendiendo las preocupaciones de la joven, el senador, después de entrar con ella en un gran salón, amueblado y decorado con hermosos tapices y esculturas, invitó:

– Ven y siéntate hija mía, que tengo mucho que decirte y espero que, al final, puedas perdonarme por todo lo que te causé a ti y también a tu madre.

Sin saber cómo reaccionar, Sarah aceptó la invitación del senador, quien, tras ponerse cómodo, comenzó a informar:

– Hacía algunos años que había asumido mi cargo en el senado, cuando fui enviado por el Emperador a varias ciudades, para representarlo en partidos y reuniones políticas.

Se quedó en silencio por un momento y, como si estuviera repasando en su mente todo lo sucedido, no pudo disimular las emociones que tales recuerdos le traían. Entonces, con los ojos brillando por las lágrimas que intentaba contener, comenzó de nuevo:

– En uno de estos viajes, cansado de la rutina que me imponían los deberes de mi cargo, decidí salir con unos soldados a cabalgar por el desierto, cerca de la ciudad donde nos encontrábamos. Allí encontramos un campamento donde vivía una familia con sus animales; no obstante, siendo muy sencillo y amigable, no me fue posible desobedecer una orden del Emperador y dejarlos en libertad. Entonces ordené que los hicieran prisioneros.

Sarah sintió que su corazón se aceleraba, pero se mantuvo atenta a cada detalle.

Después de una breve pausa, el senador prosiguió:

– A la mañana siguiente partiríamos hacia Jope, donde se suponía que debía visitar a una familia de patricios que se habían trasladado allí por orden del Emperador, para comprobar la administración del lugar y mantenerlos al tanto de todo lo que sucedía. Mi estancia allí terminaría durando varios días, y por eso decidí divertirme un poco más, antes de retomar mis funciones.

Y continuó después de una pequeña interrupción:

– Manteniendo el disfraz de soldado, ordené que llevaran a un albergue a la única hija de aquella humilde familia, pues me había impresionado mucho con su belleza casi infantil.

Suponiendo que Sarah ya se diera cuenta que se refería a su madre, el senador volvió a hacer una pausa, como buscando palabras más suaves para continuar el relato sin herir ni ofender a la joven, que lo escuchaba atentamente y lo observaba.

Sin embargo, no pretendía dejar de sincerarse con ella, y continuó:

– Aunque conocía los motivos que la habían llevado allí, apenas llegó Mirabel, dejó traslucir mucho más que su belleza exterior, y dijo con convicción:

- "Señor, sé que no puedo evitar lo que usted desea. Sin embargo, quiero decirle que nada de lo que pase aquí será mejor que lo que les pasa a los animales, porque ni siquiera me tendrán respeto. "

– Sintiendo la firmeza de esa chica – continuó él –, no puedo negar que quedé más impresionado. Por otro lado, ya no me sentía cómodo hablando con realizar mis intenciones. Por eso la invité a quedarse y contarme un poco sobre ella. Aunque tuvo miedo, terminó aceptando y luego abrió su corazón; ella narró su vida sencilla con su familia y todos sus sueños, mostrando claramente que era una joven de alto valor y de moral intocable. Y, cuando terminó, me suplicó:

- "Señor solamente, sé que mis hermanos y yo podemos trabajar y servir como esclavos en cualquier lugar. Ya que mis padres ya no tienen salud para cuidar de sí mismos, y por eso te ruego que los dejes ir."

– Seguro de no dejarme atrapar por la emoción, le dije que lo pensaría y, llamando a un soldado, le ordené que la llevara de regreso con los demás. A la mañana siguiente, cuando nos fuimos, todavía se sentía atraído por tu madre; y, tratando de evitar que descubriera quién era yo realmente, viajé como cualquier otro soldado para estar más cerca de ella.

Una vez más el senador guardó silencio; y después de un profundo suspiro, continuó:

– Creo que, porque ella no se imaginaba siendo engañada, Mirabel me vio como alguien mejor de lo que yo era, lo que hizo que depositara mayor confianza en mí; y esto me llevó, en el segundo día del viaje, a liberar a sus padres como ella quería, a poner de una vez por todas ante sus ojos la máscara del muchacho bueno.

En ese momento, sin estar segura de poder confiar en ese hombre y en todo lo que decía, Sarah no pudo calmarse; le temblaban las manos y su corazón latía salvajemente. Al notar la perturbación en sus ojos, el senador preguntó suavemente:

– ¿Preferirías que deje esta conversación para más tarde?

Si hubiera obedecido a su corazón, habría aceptado la oferta, pero algo la hizo responder decidida:

– No señor. Podemos ir hasta el final, porque quiero saber todo lo que tienes que decir:

Luego reanudó la historia:

– Tengo que admitir que después de unos días participando de esa situación, que al principio no era más que una broma para mí, me di cuenta que mi interés por tu madre había cambiado; y ella, tras la liberación de sus padres, demostró claramente que estaba enamorada de mí.

Se hizo un nuevo silencio, que el senador solo pudo romper con gran esfuerzo:

– Bien, Sarah, por lo que ya te he contado, no será difícil entender lo que pasó después.

Sorprendida por aquellas palabras, pero con la misma determinación de antes, preguntó:

– Si no te importa, me gustaría que me contaras todo lo que pasó. Ya que hubo algo entre mi madre y tú, como me hace preguntarme, ¿por qué no te acompañó, ya que dices que tus sentimientos por ella cambiaron? Visiblemente avergonzado, el senador se levantó, se sirvió un poco de vino, que bebió con dificultad, y ya sin el mismo coraje de antes, reanudó el relato, deteniéndose a cierta distancia de Sarah:

– Fue en nuestra última noche del viaje que tu madre y yo finalmente dejamos que nuestros sentimientos hablaran más fuerte, y me di cuenta que yo también la amaba. Pero... – nuevo suspiro escapó de su pecho y concluyó –... ¡Decidí contarle toda la verdad!

Por haber sido una madre muy buena y honesta, incluso si hubiera omitido esa relación con otro hombre, Sarah sabía que simplemente mentir sobre su identidad no sería motivo suficiente para tenerla lejos, si realmente la deseaba.

Por eso, preguntó con firmeza:

– ¿Qué le pudiste haber dicho a mi madre que la hizo repudiarlo, después de entregarse a ti?

Teniendo enormes dificultades para controlarse, fue solo con la voz temblorosa de emoción que logró decir:

– ¡Le dije que estaba casado y que incluso tenía una hija de dos años, a la que nunca podría abandonar!

Capítulo XXV

En aquel momento, nada le parecía tan significativo tanto como como ese pequeño detalle que acababa de descubrir.

Después de todo, estaba empezando a comprender el consejo y el motivo de tanta preocupación de sus padres por ella, así como el motivo de la desesperación de su madre ante aquel terrible error respecto a su relación con un soldado romano.

Comprendió lo doloroso que debía haber sido creer que su hija pudiera correr, como ella, la suerte de ser engañada por un hombre que solo quería utilizarla y luego abandonarla.

Como si supiera que la joven había llegado a esa conclusión, el senador se acercó nuevamente a ella y, sentándose a su lado, la tomó de las manos y le preguntó entre lágrimas:

– ¡Por favor, hija mía, déjame decirte todo lo que queda por decir y luego podrás juzgarme y condenarme, si crees que lo merezco!

Sarah se sintió incapaz de decir nada, a lo que él, ante su abatimiento, comenzó a explicar:

– Desde el momento en que nos juntamos, nunca imaginé abandonar a tu madre, y por eso le dije la verdad; de lo contrario no me habría expuesto así. Si hubiera pensado en abandonarla, lo habría hecho a la mañana siguiente, dejándola allí mismo en el campamento, abandonada a su suerte.

Sarah logró recuperar un poco de serenidad, siguiendo una vez más de cerca lo que aquel hombre le decía, el senador notó esto en su rostro y continuó:

– Mi propuesta a tu madre fue, en cuanto saliéramos de Jope, traerla aquí a las afueras de Roma, donde la tendría cómoda y la vería siempre que fuese posible, llevando así una vida tranquila también con mi hija, a la que, repito, no podía abandonar.

Sin embargo, la rebelión de tu madre hacia mí fue tan grande que, después de expulsarme de su lado, huyó de nuestro campamento en mitad de la noche.

Al darse cuenta que todavía lo escuchaban con calma, añadió casi en un arrebato:

– Por eso estuve días buscando a Mirabel, hasta que, sin esperanzas de encontrarla, me dirigí hacia Jope para cumplir con mis deberes. ¡Cuál fue mi sorpresa cuando, al llegar, la vi entre los esclavos de aquel patricio que, como muchos, ya la había incorporado a su patrimonio! Ante esto, y la total resistencia de tu madre a conversar conmigo, pensé que sería mejor darle tiempo, ya que sabía que pronto tendría que estar allí otra vez. Salí confiado que cuando regresara la encontraría cambiada y entonces sí, encontraría la manera de llevarla, como quería.

Al ver a ese hombre más frágil que ella, Sarah se conmovió; pero necesitaba saber hasta el último detalle de toda esa historia.

Por eso, respetó el breve silencio en el que él se retiró, para luego preguntar, con más delicadeza:

– ¿Y por qué no volviste a buscarla, si la amabas como me haces creer?

Gruesas lágrimas cubrían ahora el rostro de ese hombre, y el dolor que vio en sus ojos la conmovió mucho. Para su sorpresa, respondió de buena gana, como si, a pesar del dolor que sentía, le hiciera mucho bien:

– Cuando regresé a Roma encontré a mi esposa muy enferma, y los meses que pasó prácticamente inválida antes de morir fueron muy difíciles y largos. Sin embargo, tan pronto como me vi libre de los deberes de marido, partí hacia Jope en busca de tu madre, más seguro ahora que el destino me había concedido la viudez. Sin embargo, al llegar, me sentí muy decepcionado...

Ante esa interrupción, Sarah sintió que aun había algo muy importante por decir, por lo que insistió:

– ¿Qué te provocó tanta decepción, no estar con mi madre hasta el momento de su muerte, como lo hiciste con tu esposa?

Con la voz entrecortada por las lágrimas, respondió:

– ¡Cuando llegué a Jope, la encontré casada y esperando un hijo, a punto de nacer!

Sin entender el alcance de aquel drama, preguntó con cierta sospecha:

– ¿Cómo, si hace apenas me dijeras que solo habían pasado unos meses?

Luego preguntó, con los ojos aun más brillantes mientras la miraba:

– ¿No entiendes lo que pasó, hija mía? ¿No te imaginas los motivos que llevaron a tu madre a casarse? ¿Y qué me hizo buscarte después de años de remordimiento y arrepentimiento, por haberme sometido a su voluntad?

Sintiendo una fuerte presión en el pecho, Sarah no quiso ceder a las lágrimas antes de escuchar claramente las respuestas del propio senador a esas preguntas. Entonces dijo casi en un susurro:

– ¡Por favor cuéntamelo todo, de una vez por todas!

Aceptando esa petición, que también era su deseo, continuó:

– Al verse embarazada de un hombre que le había mentido, Mirabel decidió aceptar la oferta de un joven esclavo muy bueno, que la amaba tanto hasta el punto de asumir un hijo que no era suyo. Así que te volví a encontrar cuando estabas por nacer, y escuché las últimas palabras que me dijo suplicando que no le quitara a la niña, sin lo cual ella ya no tendría razón para vivir. . Entendí su desesperación, porque también le había hablado de mi hija en el pasado y sabía lo que ella sentía ante la amenaza que yo representaba en ese momento. Por lo tanto, decidí cumplir su pedido saliendo de Jope lo antes posible, para no regresar.

Una fuerte emoción hizo que el senador guardara silencio, hasta que fijó sus ojos en los de Sarah y concluyó:

— Esa noche naciste y, aunque cumplí mi promesa a Mirabel, ¡mi corazón nunca más logró tener paz, porque yo tenía muchas ganas de verte y cuidarte, tal como lo hice con tu hermana!

A pesar de sentir que todo a su alrededor daba vueltas, Sarah permaneció serena y las lágrimas que caían de ella ahora calentaron suavemente su corazón.

Siguiendo cada gesto de la joven, y sabiendo lo difícil que fue para ella esa experiencia, el senador quedó aun más sorprendido al ver que nada disminuía su dulzura; y el brillo que vio aparecer en sus ojos también pareció querer consolarlo, debido a la comprensión que mostraba.

Allí fue bienvenido el silencio durante varios minutos, en los que ambos se entregaron a reflexionar sobre todo lo que había pasado en esas pocas horas.

Necesitando saber si sería perdonado, fue él quien volvió a hablar:

— Sé que corro el riesgo de parecer insensible, pero necesito que me digas si puedo volver a tener mi corazón en paz, con tu perdón.

Dirigiéndose a este hombre que hasta hace poco era un completo desconocido para ella, Sarah no supo qué decir. Sin embargo, cuando lo vio muy de cerca, notó claras similitudes entre ellos, descubriendo incluso el origen del azul de sus ojos.

Al darse cuenta de esto, su corazón se calmó, como señal que aun podía encontrar muchas explicaciones a otras dudas que tenía desde la infancia.

Entonces, sabiendo que su respuesta era esperada con impaciencia, habló suavemente:

– No tengo nada que perdonarte, ya que estoy muy feliz que tu decisión haya sido tomada en nombre del amor que sentías por mi madre. Solo que...

Sarah hizo una breve pausa y luego añadió tímidamente:

– No sé cómo debería llamarlo.

Tras un suspiro de alivio, y mostrando una sonrisa radiante, el senador, que todavía tenía entre las suyas las manos de su hija, dijo:

– Mi nombre es Cneio... Cayo Cneio. Pero...

Como ahora permaneció en silencio por un momento, luego concluyó con mayor emoción:

– ¡Si puedes y deseas, puedes llamarme padre!

Entendiendo lo importante que esto debía ser para él, y manteniendo el recuerdo y la certeza que Josafá había sido un excelente padre, Sarah respondió con sinceridad:

– No me opongo a eso, si eso es lo que quieres. Solo te pido que no se ofendan cuando también me refiero de esta manera al hombre que me acogió en su corazón y en su vida como hija, ya que tendré igual amor y respeto por ambos.

– ¡De ninguna manera podría sentirme ofendido! – Exclamó reconociendo –. Mi deuda con este hombre será eterna, ya que él me proporcionó un favor definible, amoroso y cariñoso tanto para ti como para tu madre.

Sarah lo abrazó con gratitud y, sintiéndose ligera y feliz en el alma, se acordó de su madre, a quien agradeció en el pensamiento su amor y su capacidad de recuerdo, y una vez más pidió perdón por cualquier sufrimiento que un día le había causado.

Una intensa alegría envolvió todo el ambiente en ese momento, mientras una suave brisa, que entraba por las ventanas del vestíbulo, avisaba que la noche se acercaba, haciendo brillar hermosas estrellas en el cielo de Roma.

Capítulo XXVI

El viaje de Absalum y Josafá transcurrió sin interrupción y parecía que todo se resolvería a satisfacción de todos, pues ya habían recopilado en el puerto algo más de información sobre el comerciante que buscaban; también se había confirmado que había estado allí al servicio de un comprador especial, y ciertamente no sería difícil localizar a un hombre en Roma que hubiera comprado seis esclavas de veinte años. Si no fuera por este último detalle que ahora angustia el corazón de Josafá, toda la historia podría encaminarse realmente hacia un final feliz.

Sin embargo, nada más atracar en el puerto de Roma, descubrieron que estaban a punto de afrontar un desafío mayor, y quizás más doloroso para todos. Se enteraron que el comprador de los esclavos era un senador romano y, por tanto, si no podían aclarar lo que le pasó a la joven Sarah, tendrían que exponer a Marcus a una persona importante e influyente en el imperio.

A esta conclusión, Josafá dijo a su amigo y compañero de viaje, en un arrebato:

–Absalum, a pesar de nuestro compromiso y la solidaridad de mi señor, creo que quizás sea mejor que busquemos otra solución al problema, ya que no creo que una conversación con este tipo de hombres pueda solucionarlo todo; además, sé los riesgos a los que expondremos al general si mencionamos su nombre aquí.

Obligado a estar de acuerdo con él, el anciano preguntó, ya sospechando de la respuesta que vendría:

– ¿Y qué sugieres que hagamos?

Después de reflexionar un momento, armándose de valor, aquel padre desesperado dijo:

– No puedo pedirte nada más, porque ya nos has ayudado mucho. En cuanto a mí, necesito recuperar a mi hija y la llevaré de donde esté, aunque tenga que robarla y convertirme en fugitivo, ya que nunca podré regresar a Jope si actúo de esta manera.

– ¡Tranquilo! – Aconsejó Absalum, tratando de aclarar los pensamientos de su compañero –. Sabes que no se puede arreglar un error con otro peor, lo que sin duda traerá consecuencias aun más amargas para todos.

– ¿Y qué más puedo hacer? – Preguntó entonces entre lágrimas.

– ¡Ora y confía en Dios! Nunca olvides que estamos aquí principalmente para cumplir Su voluntad, y que, aunque no podamos comprenderla, nuestra alma sabe ser justa y enfocada en nuestro bien.

Josafá, en ese momento de dolor y miedo, pareció no entender esas palabras, aunque su corazón se esforzó por permanecer fiel a su fe en Dios.

Como si se diera cuenta de lo que estaba pasando en el corazón de su amigo, Absalum dijo con benevolencia:

– No nos dejamos llevar por la desesperación hacia errores que ya podemos superar.

Como si fuera llamado a entrar en razón, Josafá explicó, todavía con cierto esfuerzo:

– Estoy seguro que Dios nos cuida y sabe lo que necesitamos. Sin embargo, parece que ya no puedo oírlo en mi corazón.

– Tendrás éxito si realmente estás dispuesto a seguir lo que el Padre nos dice, el único problema, para aquellos que dicen que no le escuchan y que no quieren hacer lo que Él les pide. No es cierto que no lo escuchen, porque todos somos sus hijos, y así como Él escucha a todos, también habla a todos, a través de nuestro corazón. Como dije – insistió sabiamente el anciano –, el problema es que, como niños testarudos y rebeldes, nos negamos a rendirnos, hacemos nuestra voluntad y la hacemos en detrimento de la Suya, que es invariablemente justa y sabia.

Sintiendo la alerta y al mismo tiempo el cariño de aquellas palabras, Josafá hizo un esfuerzo por reaccionar ante aquel momento de debilidad, diciendo con renovada esperanza:

– Tienes razón amigo mío, en todo lo que me dices. He recibido mucho de Dios, Nuestro Padre, y no puedo pedir más, ya que no soy digno de ningún crédito, son tantos los problemas que aun llevo dentro de mí. Por lo tanto, le pido disculpas a Él y a ti, por haber olvidado que les debo a ambos gratitud por toda la ayuda que recibo.

Absalum sintió la sinceridad en esas palabras, y concluyó:

– Ante esto, permanezcamos confiados y serenos en el cumplimiento de nuestra astucia, seguros que Dios no nos desamparará en ningún momento, sosteniéndonos sobre todo en aquellos en los que más podemos testimoniar la fe y amor hacia Él.

Ambos iniciaron entonces la caminata que los llevó a la residencia del senador, donde debían encontrar a Sarah, convencida que podrían seguir contando con el apoyo divino para resolver ese problema.

Mientras caminaba por los jardines, Sarah esperaba ansiosamente, y un poco aprensiva, el momento en que pudiera volver a hablar con el senador. Esto se produciría al regresar de un pequeño viaje que se había visto obligado a realizar, en el ejercicio de sus funciones, al poco de llegar allí.

Habían acordado que en cuanto regresara a casa aclararían las dudas que quedaran, ya que quería saber todo sobre su hija, y especialmente cómo la había encontrado el comerciante.

Solo entonces hablarían de su hermana y decidirían juntos cómo decirle la verdad, además de definir cómo organizarían sus vidas de ahora en adelante.

Sin embargo, después de saber por los sirvientes de la casa el nombre de su hermana y algunos detalles sobre esa familia, su corazón se oprimió aun más, ya que todo lo que había sucedido en Jope le hizo creer que sería muy difícil, tal vez imposible, que Cornélia la aceptara como hermana.

Por eso, con alivio, cuando vio algún movimiento frente a las puertas, pensó que Cneio había regresado.

Sin embargo, al notar la hostilidad de los soldados que custodiaban la entrada de la casa, fue llevada a comprobar qué estaba pasando. ¡Cuál no fue su sorpresa cuando reconoció, entre los hombres a los que se impedía acercarse, a Josafá y a Absalum! Éstos, con extrema humildad, intentaron discutir con los soldados sobre la necesidad de esperar allí al dueño de la casa.

Llena de alegría al ver de nuevo a su padre, Sarah corrió hacia las puertas y pidió a los soldados que los dejaran entrar.

Al no serle concedido su pedido, ya que los guardias desconocían su verdadera posición en aquella casa, también se dio cuenta que no podía exponer a Josafá a esa realidad tan repentinamente, pues sabía cuánto sufriría él al verla consciente de todos su historia. Así, dirigiéndose nuevamente a los soldados, preguntó:

– Si no puedes dejarlos entrar, permíteme hablar con ellos un momento.

Aun sabiendo los riesgos a los que se exponía, uno de los militares decidió obedecer, pero advirtió en tono firme:

– Tienes solo unos momentos, ya que el senador no tardará.

Absalum y Josafá se acercaron un poco más a las grandes puertas, a través de las cuales Sarah expresó su cariño con los besos que depositó en sus manos.

Josafá corresponde a esa actitud emocional con igual intensidad, mientras las lágrimas cubrían su rostro en una mezcla de alegría, tristeza y miedo por estar tan cerca y a la vez tan lejos el uno del otro. Como no había condición para que dijeran todo lo que querían, ella intentó calmarlos, manifestándoles su intención:

– Sé lo mucho que se deben haber preocupado por mí, pero estoy bien y tendremos mucho de qué hablar lo antes posible. Por ahora no podemos hacer nada; les pido esperar hasta...

Fue interrumpida por el ruido de unos caballos que se acercaban rápidamente, lo que hizo que los soldados los empujaran a ambos fuera de las puertas, y uno de ellos le dijo:

– Es mejor entrar, porque el senador podría enfadarse con nosotros si lo encuentras aquí.

Asustada, regresó a la casa, mientras su preocupación por Josafá aumentaba al saber que padecía un gran dolor.

Aun más ansiosa ahora, Sarah esperó a que Cneio entrara al salón y en cuanto lo vio corrió a su encuentro, arrodillándose a sus pies y diciendo:

– Por favor, señor, déjeme recibir a mi padre, que me busca a sus puertas.

Sorprendida por ese gesto y por lo que escuchó, el senador ni siquiera tuvo tiempo de responder, porque insistió:

– Déjame ver a mi padre, para contarle lo que pasó, porque sé cuánto podría sufrir.

Considerando la justa preocupación y el reconocimiento de la hija reconociendo la deuda que tenía con aquel hombre, estuvo dispuesto a cumplir prontamente con su petición. La ayudó a levantarse y trató de calmarla:

– Por supuesto que puedes recibirlo. Después de todo, esta casa también es tuya.

Poco después, dirigiéndose a la entrada de la residencia, con la joven a su lado contándole lo sucedido, ordenó abrir las puertas.

En medio del malestar reinante en el lugar, Josafá y Absalum no fueron vistos, aunque observaron todo desde una corta distancia.

Fue entonces cuando Cneio dijo a los soldados:

– Busca a los hombres que estuvieron aquí y tráemelos, urgentemente. ¡Y no les hagan daño! Diles que son mis invitados.

Los soldados obedecieron inmediatamente, abandonando sus puestos y mezclándose con la gente, mientras Josafá, temeroso, tiraba del brazo al anciano para alejarse lo más rápido posible. Después de un tiempo escabulléndose por las calles cercanas, Absalum finalmente logró hacer que el otro se detuviera y le preguntó:

– ¿Por qué salimos de allí así? ¿No tuve noticias del senador que somos sus invitados?

Al ver a su amigo atónito, incluso pareciendo que no lo escuchaba, insistió:

– ¿Qué te hizo actuar así?

Josafá rompió a llorar. Luego, se apoyó en su compañero y comenzó un largo relato de su vida, hablando de su unión con Mirabel y del nacimiento de Sarah, hasta concluir con inmenso dolor:

– ¡Ese hombre al que sirve ahora es su verdadero padre!

A pesar de la sorpresa, Absalum intentó reflexionar y calmarse:

– ¿Cómo puedes estar seguro de eso, si estábamos lejos y lo viste hace muchos años?

Con los ojos fijos en los del anciano, respondió de una manera que no dejaba lugar a dudas:

– ¡Nunca olvidaría el rostro del hombre que temí volver a ver toda mi vida, sabiendo que podría perder por él a las personas que más amaba!

Por mucho que comprendiera los sentimientos de Josafá, se dio cuenta que ahora surgía otro motivo de preocupación: si el senador fuera uno de esos hombres que necesitan afirmar su masculinidad rodeándose de jóvenes esclavas, esa revelación los llevaría a un sufrimiento aun mayor.

A esta conclusión, y ante la urgencia que crecía a cada momento, Absalum buscó en el silencio de esos breves momentos la ayuda de la oración. Luego, más fuerte, intentó razonar con su amigo, sin compartir con él su verdadera preocupación. Comenzó a decir, con calma:

– Sé lo difícil que es todo esto para ti. Sin embargo, como recordaba hace un momento, repito que es precisamente en momentos como este cuando estamos llamados a dar testimonio de comprensión y fe en la bondad y justicia de Dios; si Él nos trajo aquí, aun sabiendo el dolor y el miedo que sientes hacia este hombre, es porque considera necesario que superes tales sentimientos, en beneficio de algo mayor.

Como si recobrara el sentido, Josafá lo miró largo rato, sin decir una palabra al anciano, quien continuó amablemente:

– No quiero ni puedo obligarte a hacer nada, pero sabes que tenemos que volver a cumplir nuestra encomienda. Y, dado todo lo que me dijiste...

Se interrumpió un momento y concluyó más sutilmente:

– Creo que nuestra llegada puede ser providencial, ya que desconocemos el fin al que están destinadas tantas jóvenes esclavas de un mismo amo.

Como impulsado por una sacudida, Josafá se levantó lo más rápidamente que pudo y exclamó con voz temblorosa:

– ¡No podemos permitir que eso suceda!

Absalum, entonces, acudió una vez más en su ayuda, confiado:

– Volveremos, pero no podemos dejar que la falta de equilibrio y de fe nos exponga nuevamente a errores y actitudes precipitadas.

Y para evitar dudas de su amigo, aclaró:

– Por lo tanto, seguiremos actuando como nos habíamos propuesto, ya que ignoramos lo que realmente está sucediendo en esa casa y si nos corresponde a nosotros exponer la verdad de esta manera, tanto por el bien de Sarah como del senador.

Entendiendo el razonamiento del anciano, Josafá asintió con un gesto y, más tranquilo, reanudó en silencio el camino hacia la residencia del senador, donde tendría que afrontar y vencer sus miedos de una vez por todas.

Sin embargo, por amor a su hija estaba dispuesto a todo.

A lo lejos, Marcus también enfrentaba algunos de sus miedos, y la lucha interior que libraba en busca de una solución a los problemas que lo aquejaban no le permitía ni siquiera descansar, lo que había terminado por minar sus fuerzas, dejándolo más vulnerable, abatido en aquellos días.

Esto no pasó desapercibido para Cornélia quien, aunque se esforzó por volver a ser la buena esposa que siempre fue, no pudo evitar que ciertos pensamientos la atacaran de vez en cuando, quitándole la tranquilidad y la paz que deseaba volver a tener con su marido y matrimonio.

Aunque estaban decididos a olvidar lo sucedido allí, algo entre ellos parecía haber cambiado, lo que los molestó mucho, provocando que se distanciaran más.

Esta situación no pasó desapercibida para Rosa; sintiendo el diferente comportamiento de la pareja, preguntó durante una de las comidas:

– ¿Por qué estás triste?

Al ver su preocupación retratada en esas palabras, intercambiaron una mirada culpable; por primera vez Marcus se sintió avergonzado por no poder hablar y aclararle a su hija como quería.

Para Cornélia; sin embargo, surgió una nueva oportunidad al notar toda su angustia en los ojos de su marido. Entonces se apresuró a ayudarlo diciéndole:

– Querida Rosa, no estamos tristes. Al contrario, nuestra alegría es grande porque podemos estar unidos en familia en este hogar, y sobre todo porque te tenemos a ti para felicitarnos en todo momento.

Feliz con lo escuchado, una sonrisa sincera apareció en los labios de la niña, quien; sin embargo, continuó con su interrogatorio:

– Entonces ¿por qué no veo en los ojos de papá, ni en los tuyos, lo que me dices que sientes?

Sin encontrar respuesta, fue el turno de Cornélia de pedir ayuda a su marido, quien como la niña era muy perspicaz, sabía que las simples palabras no serían suficientes para convencerla de lo contrario.

Por eso, conmovido por el intenso cariño con el que la familia lo rodeaba, Marcus se levantó y tomó a Rosa en sus brazos, luego se dirigió hacia donde estaba sentada su esposa; él tomó su mano y con ese gesto la invitó a unirse a ellos, lo cual fue aceptado con mucho gusto.

Los tres siguieron hasta el jardín, donde caminaron en silencio por unos momentos, sintiendo como si el calor del Sol calentara sus almas mucho más que sus cuerpos.

Rosa, feliz en el regazo de su padre, lo abrazaba de vez en cuando, cayendo sobre su madre a su lado para depositar también en su rostro el cariño de una hija en forma de beso.

Con esta sencilla actitud, sin que se escuchara nada más que el canto de algunos pájaros y la risa franca de la niña, un nuevo brillo ahora se podía ver aparecer en los ojos de Marcus y Cornélia. Brillo de cariño y respeto, recuperado por ambos, por el deseo sincero de cada uno de perdonar y ser perdonado, gracias al amor que los unía.

Capítulo XXVII

No fue necesario que Josafá y Absalum hicieran mayores esfuerzos para llegar a la residencia del senador, ya que al ser avistados por los soldados que los buscaban, rápidamente fueron conducidos al interior de la residencia. Sarah, al verlos de regreso, abrazó cariñosamente a su padre y no pudo contener las lágrimas, a pesar de tener cuidado de no molestarlo.

Absalum, después de saludarla con un abrazo fraternal, notó algo extraño en el aire y guardó silencio, esperando que hablara el dueño de la casa, quien parecía observarlos con cierta reserva.

Sin embargo, fue Josafá quien tomó la iniciativa de decir las primeras palabras, aunque le costaba controlar la preocupación que aun lo atormentaba. Humildemente, se dirigió al senador:

– Le agradezco mucho, señor, que haya permitido que mi hija nos reciba. A pesar de...

Muy avergonzado por el tema, guardó silencio y miró a su amigo suplicante, como buscando fuerzas en lo que habría sido rápidamente atendido por el anciano, si Cneo no hubiera intervenido porque sabía lo delicada que era el momento para todos.

– Sé lo que quieres decirme – comenzó; a medida que se acercaba al grupo -, pero, como ya se habrán dado cuenta, hay una razón aun mayor por la que estamos reunidos aquí y de la que tenemos que hablar.

Sintiendo que le temblaban las piernas, Josafá no pudo decir una sola palabra, consciente que ahora tendría que afrontar la verdad.

Cneo, aparentemente consciente, continuó serenamente:

– Sentémonos, porque hay mucho que decir. Primero, quisiera que Sarah nos contara todo lo que ha sucedido desde que dejó Jope, para que sus corazones estén tranquilos.

Siguiendo la sugerencia, todos se sentaron mientras Sarah comenzaba la narración. Al final, Josafá permaneció en silencio, mientras espesas lágrimas cubrían su rostro en una mezcla de dolor, pero también de alivio. Después de tantos años, finalmente se liberó de todo el peso que ese secreto había puesto sobre su corazón.

Sabía que siempre se había esforzado por ser un buen padre para Sarah y un esposo dedicado y fiel para Mirabel, y que su amor por ambos era la mayor fortaleza para sostenerlo en todo momento.

Por eso, al final del relato de su hija intentó decir algo, siendo interrumpido para que ella concluyera:

– Padre, quiero decirte que te estaré eternamente agradecida por todo lo que hiciste por mí y por mi madre. Especialmente por tu cariño, porque me imagino lo difícil que debió ser recibirme como hija delante de todos; y solo con amor sincero se puede soportar cualquier desafío.

Sosteniéndola firmemente contra su pecho, Josafá tenía el alma y el corazón sonriendo de alegría, porque allí cayó por tierra su mayor temor, ante palabras tan dulces y amorosas.

Ahora sabía que su amada hija nunca lo negaría como padre, porque ni siquiera el descubrimiento de una verdad que había ocultado durante tantos años le impedía seguir correspondiendo su amor con la misma intensidad que antes.

Muy conmovido, Cneio, a su vez, no quiso omitirse más, y al cabo de unos instantes volvió a hablar:

– Por mi parte, Josafá, también tengo mucho que agradecerte. Sin embargo, todavía necesito pedirte un último favor.

Y viendo que todos se volvían hacia él con cierta expectación, dijo:

– ¡Necesito que me perdones!

Sin saber qué decir, Josafá preguntó con la voz entrecortada por la sorpresa:

– Perdónalo… ¿por qué?

– Todo el dolor que te causé, lastimando a Mirabel y siendo una sombra en su corazón por tanto tiempo. Después de todo, sé que para alguien tan generoso como tú, el silencio al que fuiste sometido debe haber sido causa de mucho sufrimiento.

Para alegrar definitivamente tu alma, nada mejor que esas palabras que llegaron a ti como un bálsamo regenerador, quitando de una vez por todas toda sombra de miedo que pudiera persistir en tu corazón.

Y, considerando cuánto debió sufrir también aquel hombre, se expresó en un gesto de sincera amistad:

– Aunque tus suposiciones son ciertas, siento lo mismo debo decirte, porque veo que estuve muy equivocado contigo; y sé que Mirabel, esté donde esté, compartirá esta opinión. Así que espero que me perdones por todos los años que estuviste privado de la presencia de tu hija. En cualquier caso, significa que nunca supe de la última conversación que tuvo con Mirabel, que se refirió Sarah. Lo único que me dijeron, en ese momento, fue que usted ni siquiera estaba dispuesto a buscarla, tal vez porque estaba casado y a punto de tener un bebé, lo cual me hizo muy feliz, ya que ese era nuestro objetivo, en la hipótesis de su regreso.

– ¡No tengo nada que perdonarte, porque hoy veo que todo fue solo un destino!

Al oír aquel exabrupto, fue Absalum quien habló, con humildad:

– Por favor, perdónenme por mi audacia, en un momento tan delicado para sus almas, pero necesito advertirles que las fatalidades solo existen a través de nuestras acciones.

Para ser mejor comprendido por sus oyentes, continuó:

– Lo que quiero decir es que no existe una fatalidad impuesta, más allá de nuestra voluntad. Estas son nuestras actitudes que crean un ambiente propicio para ellos, las fatalidades, ocurran. Analicen lo dicho aquí y observen que las elecciones del senador involucraron a Mirabel, lo que involucró a Josafá, y todo culminó con la participación de Sarah. Por supuesto, no hay víctimas inocentes en ninguna situación, por extraña que parezca. Todos actuamos en defensa de nuestros intereses y cuando dichos intereses son egoístas, o tienen valores morales dudosos, esto solo puede resultar en esas fatalidades que muchos buscan para justificar sus errores y conformarse con la ilusión que no podrían haber hecho nada para evitarlos.

Al ver el bochorno que sus palabras causaron en el grupo, el anciano explicó, aun más gentilmente:

– No crean que esto es un juicio de mi parte, ya que nunca podría darme ninguna autoridad para hacerlo. Solo quiero que se den cuenta que son nuestras elecciones, y principalmente los sentimientos que las determinan, los que permiten la sucesión de hechos en nuestras vidas, aportándonos las experiencias que necesitamos atravesar para crecer.

Y al ver el interés de todos, continuó:

– Si no entienden lo que les digo, analicen todo lo que han pasado y respondan con sinceridad: a pesar de entendernos y llegar a un entendimiento amistoso, si pudieran retroceder en el tiempo, ¿actuarían de la misma manera?

Cneio, sintiendo que la pregunta iba dirigida a él, habló con sinceridad, aunque algo avergonzado:

– Ciertamente no. Nunca más dejaría que mi responsabilidad recayera sobre los hombros de otra persona.

– Sabemos que no podemos comentar nada más allá de esto, ya que la otra parte involucrada en tales decisiones no está presente para presentar su conclusión, dado todo el aprendizaje. En cualquier caso, no tenemos ninguna duda que las emociones necias y los placeres fugaces y egoístas, sumados al orgullo y la vanidad, fueron, son y siguen siendo la causa directa de muchas víctimas mortales para la humanidad durante mucho tiempo.

En un impulso de suavizar aquellas enseñanzas, como si hablara con niños atrapados en una travesura, dijo lleno de cariño:

– Pero no lo olviden: también hay otro camino hacia nuestro aprendizaje. Este es el que hoy comienza para ustedes: el camino del amor y del respeto, ya que, por voluntad del destino, hoy aquí se forma una nueva familia, y a ustedes les corresponde definir los sentimientos y actitudes que la guiarán.

Sintiendo la implicación fraternal que los unía a todos, Sarah abrazó tiernamente a Absalum, gesto que avergonzó al anciano.

Mientras tanto, después de muchos años de dolor y arrepentimiento, Josafá y Cneio intercambiaron por primera vez un franco apretón de manos, que reveló su voluntad de seguir, a partir de ese momento, caminos diferentes a los que habían seguido hasta entonces.

Capítulo XXVIII

A pesar de la tranquilidad recuperada respecto a la armonía de su hogar, Marcus seguía preocupado por el paradero de Sarah y la falta de noticias de Absalum y Josafá.

Esto; sin embargo, estaba a punto de dar paso en su mente a otro problema, que había dejado temporalmente de lado y que volvería a exigir toda su atención. Esa tarde llegó un mensajero del Senado con un llamado urgente para que regresara lo más pronto posible. Ante esto, una pregunta angustiosa oprimía su corazón: ¿cómo volver a Roma, sin poder todavía pronunciar una sola palabra?

Eso también fue lo primero que escuchó de Cornélia esa noche, cuando le mostró el mensaje.

Pero para su sorpresa, y en respuesta a su propia pregunta, recibió una muestra de cariño y apoyo por parte de su esposa que nunca había imaginado.

– Sé que te decepcioné mucho – dijo humildemente –, al dejarme llevar por sentimientos contrarios a aquellos que habían estado guiando nuestra relación todos estos años.

La joven hizo una pausa por unos instantes y, comprendiendo la emoción de su marido, que la miraba con lágrimas en los ojos, comenzó sinceramente:

– Por eso deseo de todo corazón: haber aprendido todo lo necesario del error que cometí, para poder salir fortalecida en la decisión que debemos tomar. Después de todo, sé lo difícil que ha sido para ti cumplir los compromisos que contrajiste con Roma, puesto que tu corazón ya no participa de estos intereses. Intereses de los que también quiero distanciarme, para estar a tu lado, como y donde tú creas conveniente.

Marcus abrazó a su esposa y, como nunca antes, sintió un inmenso amor por ella. Siempre había reconocido que tenía una gran esposa, pero ahora sabía que había encontrado una amiga y compañera para este nuevo viaje.

Como identificando este sentimiento a través de los ojos de su marido, Cornélia le devolvió el cariño y concluyó con la misma humildad:

– Sé que tendré que aprender mucho de ti, hasta que realmente pueda ser útil en algo. Pero te aseguro que estoy dispuesta a hacer todos los esfuerzos posibles para que esto suceda lo antes posible.

Feliz con lo que acababa de escuchar, por primera vez Marcus estaba seguro que podría lograr lo que su alma y su corazón le pedían desde hacía mucho tiempo, sin perjudicar a nada ni a nadie con su decisión.

Contaba con la fácil aceptación de Rosa, quien siendo todavía una niña no tendría mayores apegos y resistencias, como ya lo había demostrado cuando opinó sobre los esclavos que les servían en la casa. Y sintiendo la misma disposición en su esposa, comprendió que había llegado el momento de regresar a Roma para poner fin a su compromiso con ella, y poder finalmente comenzar y cumplir su sueño de vida.

Entonces, después de una noche de preparativos, Marcus partió hacia Roma acompañado por sus soldados, tomando mucha esperanza en su corazón, porque sabía que para comenzar su verdadero viaje tendría que ganar ahora una gran batalla personal allí.

La Luna ya estaba saliendo en el cielo cuando Marcus finalmente desembarcó en Roma. Pronto notó la diferencia con la que empezó a ver todo por lo que había luchado durante tantos años, renunciando a sí mismo y a todo en lo que creía.

Un vago sentimiento de culpa parecía querer surgir en su corazón, cuando el repentino recuerdo de su conversación con su amigo Absalum lo hizo sentirse nuevamente fortalecido, en el presente y para el futuro que lo llamaba.

"Hijo mío, por eso tenemos el tiempo de madurez. Este es el tiempo en que Dios espera que unamos nuestros corazones y la razón para que actuemos en el momento oportuno y de la manera correcta, para que no lo perdamos el fruto de nuestro trabajo y la oportunidad de nuestra vida, si sabes que debes cambiar, según tu corazón, estudia, examina todo y busca el mejor momento y la manera más adecuada de hacerlo, porque Dios es toda paciencia y amor hacia nosotros. En el huerto divino cada uno de nosotros es el fruto predilecto, y Él tiene reservada la eternidad para que estemos debidamente preparados."

Luego de meditar por unos momentos sobre esas palabras, decidió acudir a casa de su suegro, con quien le gustaría compartir su decisión, sabiendo que encontraría apoyo y orientación para llevar a cabo su voluntad.

Al fin y al cabo, además de ser un hombre justo y con principios muy similares a los suyos, era uno de los senadores más antiguos de Roma, y sabría cómo destituirlo de su cargo sin necesidad de exponerse ante el Senado. Y más tarde también podrí ayudarlo en la búsqueda de Sarah, Josafá y Absalum, que seguían siendo objeto de su preocupación.

Tan pronto como llegó a las puertas, notó que allí estaba sucediendo algo inusual; toda la casa y el jardín estaban iluminados como no los había visto en mucho tiempo, haciéndole pensar que tal vez su suegro tenía visita.

Reconocido por los soldados, quienes inmediatamente abrieron las puertas, Marcus se sintió un poco avergonzado y asustado de llegar así, sin previo aviso, ya que no esperaba tener que mostrarse, por ahora, ante nadie más.

Sin embargo, luchando por superar sus miedos, continuó hasta la entrada principal, donde notó el silencio que reinaba; más tranquilo, entró en el gran salón, donde encontró a su suegro recostado sobre cómodos cojines, leyendo varios documentos.

Al verlo quiso levantarse rápidamente, impedido por las limitaciones que la edad y la salud ya le imponían, lo que le llevó a decir irreverentemente:

– Aun así, mi yerno es solo un general de Roma y no su Emperador, porque en ese caso tendría que explicar mi falta de agilidad para reverenciarlo.

Una sonrisa apareció en los labios de Marcus, mostrando agradecimiento por la broma, lo que sin embargo le hizo pensar que tal vez no sería tan fácil lograr lo que quería, pues sabía que podría encontrar esa misma disposición en otros patricios.

Aun así, tras un profundo suspiro con el que intentó calmar su corazón, ayudó a su suegro a levantarse, abrazándolo con respeto y cariño, como un padre. Al notar la sombra de preocupación en los ojos de su yerno, dijo pensativamente:

– Sé que lo que te trae a Roma no es solo el mensaje que te envié yo, a través del Senado.

Al encontrar muy extraña la declaración del padre de su esposa, Marcus no entendió por qué habría usado su posición para traerlo de regreso, sin identificarse. Sin embargo, antes que pudiera hacer algo, en un intento de comunicarse mejor con su suegro, escuchó detrás de ellos una voz familiar:

– ¡Qué maravilla que hayas llegado, amigo!

Marcus se volvió rápidamente y se sorprendió al encontrar allí a Absalum, quien demostró claramente que era esperando por él. Sin imaginar lo que podía estar pasando, se volvió hacia su suegro, quien cariñosamente le declaró:

– No te preocupes, porque ya fui informado por el amigo aquí presente de todo lo que pasó en tu casa y también contigo. Por eso te hice regresar sin que Cornélia quisiera acompañarte, porque tengo mucho que contarte antes que sepas toda la verdad.

Sin entender nada, pero sin otra alternativa que recibir explicaciones de su suegro, esperó ansioso a que su suegro comenzara de nuevo.

– Siéntate hijo mío, que esta conversación será muy larga.

Al aceptar la invitación, Marcus escuchó del senador y de Absalum todo lo que había sucedido allí, incluido el repaso del pasado de su suegro, así como su deseo de reconocer la paternidad de Sarah.

Aun más sorprendido, pero comprendiendo ahora las razones por las que se utilizó el Senado para garantizar su regreso, el general temió las consecuencias de lo que había oído. Porque, aunque Cornélia parecía arrepentida y dispuesta a cambiar, no estaba seguro que noticias como esa no volvieran a poner todo en peligro.

Como si leyera esto en sus ojos, fue Absalum quien reinició la conversación, diciendo con calma:

– Veo que las últimas noticias te han sacudido mucho. Sin embargo, ¿no estás de acuerdo en que sea momento de confiar más y seguir lo que dice tu corazón, según tus planes?

Con este claro llamado a la realidad, miró a su amigo.

Suspiro profundamente, luciendo algo desanimado. Ante esto, el anciano se entregó a la reflexión por momentos y luego continuó hablando, bajo la atenta mirada de sus oyentes:

– Sé que eres un hombre cauteloso y que, por lo que pasó en tu casa y lo que escuchaste aquí, tienes miedo de continuar con la ejecución de tus planes, ya que las elecciones y actitudes de nuestra hermana no dependen de ti. ¿No estás olvidando que, al igual que tú, ella también tendrá el tiempo que necesita para tomar decisiones y cambiar?

Sin saber qué pensar, Marcus miró aun más fijamente a su amigo, quien continuó:

– Por todo lo que ya escuchaste y viviste, es hora de comprender que, para ser ayudados por quienes amamos, no siempre será posible tenerlos a nuestro lado. No hay duda que debemos hacer todo lo posible para lograr este objetivo de proximidad, pero no podemos olvidar que todo el mundo tiene derecho a elegir, aunque no corresponda a nuestra expectativa.

Debido a que sentía que había algo escondido en esas palabras, Marcus miró a su amigo con insistencia, demostrando que quería escuchar todo lo que necesitaba en ese momento.

Entonces Absalum le respondió:

– Mientras esperábamos su llegada, el senador y yo tuvimos la oportunidad de hablar sobre tu situación y nuestra conclusión fue que sería difícil para Roma y el Emperador consentir tu destitución total de las funciones que desempeñas, a pesar de tu mudez. Al fin y al cabo, eres el mejor general para ellos y aun así puedes resultarles muy inútil, tanto con tus ideas como con la planificación de maniobras militares.

Al ver de nuevo la sombra en los ojos de su yerno, Cneio intervino:

– Me imagino lo decepcionado que debes estar con nuestras palabras, pero el caso es que sigues siendo una pieza importante para el Emperador; así, solo por causa muy grave admitiría la separación total de tus funciones.

Como si supiera la pregunta que Marcus quería hacer, fue el anciano quien anticipó:

– La mejor manera de lograr lo que deseas es abrazar definitivamente tus aspiraciones, y dejar que todos conozcan los sentimientos e ideales que te mueven de ahora en adelante.

Consciente que esto no solo sería el final de su carrera militar – como él deseaba –, sino también la exclusión total de la sociedad romana para él y su familia, Marcus buscó el apoyo que necesitaba en su suegro, o en él:

– Tuve la oportunidad, al hablar con Absalum, de entender mucho de todo lo que me habías contado en el pasado, así como tus sentimientos y tu forma de pensar, que pensé que eran utopías del idealista que siempre me pareciste ser. Sin embargo, no puedo negar que yo mismo he soñado con esta realidad que anhelas, aunque hayamos buscado diferentes formas de construirla.

Sintiendo la emoción en las palabras de su suegro, Marcus lo observó más de cerca mientras continuaba:

Cuando era joven, a pesar de mis errores, acepté el Senado también está conmovido por este ideal de justicia e igualdad, al igual que algunos compañeros que tuve. Pero las dificultades para afrontar los intereses personales de los demás, y especialmente de los que están en el poder, pronto sembraron el desaliento en nuestros corazones y nos hizo perder la fe, en que todo podría ser diferente, hoy y en el futuro. Si para ti existe la oportunidad de promover el cambio, porque todo por lo que quieres luchar es por construir esta base en algo más grande que la fe en los hombres, en el poder y en la justicia misma: algo que cualquiera aquí podría ayudar a lograr. Tu fe está en Dios. Por lo tanto, esto es lo que nos vuelve irremediablemente impotentes debido a nuestras imperfecciones, al menos hasta que tengamos la comprensión necesaria para construir en nosotros esa fe perfecta, que siempre has mencionado y experimentado, al igual que Absalum.

Feliz con la percepción de su suegro, quien después de tantos años de convivencia ahora podía identificar la diferencia que siempre había existido entre ellos, Marcus esperó hasta haber reequilibrado sus emociones, para que pudieran decidir qué hacer de ese momento en adelante.

Así, tras escuchar atentamente las instrucciones de su suegro y de su amigo Absalum, decidió seguirlas, escribiendo al Emperador para comunicarle su dimisión del cargo que ocupaba, no solo por motivos de salud, sino también por no encontrarse más capaz de cumplir las órdenes de Roma, ya que su corazón no estaba de acuerdo con algunas de sus directivas.

Aunque consciente de las sanciones a las que estaría sujeto, Marcus sabía que ésta era la única manera de lograr la desconexión total. Aunque algunos patricios quisieran incitar al Senado y al Emperador contra él, alegando posible traición, él estaba seguro que el Emperador admitiría su opción: filosófica o religiosa, como había hecho con los pueblos conquistados que aceptaron las decisiones políticas y administrativas de Roma.

Su mayor preocupación no era él mismo, sino su esposa y su hija, que se habían quedado en Jope y aun no sabían su decisión.

Para su sorpresa, y porque creía que necesitaría mucho de su apoyo, Cneio también presentó su solicitud de destitución al Senado, alegando, entre otras cosas, limitaciones derivadas de la edad y la necesidad de ayudar a su yerno, que se encontraba con problemas de salud.

Ambos fueron llamados a dar explicaciones, pasando días de muchas dificultades, muy acompañados por Absalum, Sarah y Josafá, quienes permanecieron vigilantes en sus oraciones.

Después de más de un mes, con presentaciones exhaustivas ante el Senado y el Emperador y sabiendo que era el blanco de comentarios en toda la ciudad, Marcus finalmente fue liberado; sin embargo, lo obligaron a firmar un documento comprometiéndose a vivir lejos de las grandes ciudades y, siempre que lo llamaran, a presentarse ante un funcionario romano. Solo entonces podrá finalmente pensar en su vida y en cómo empezar de nuevo como había soñado.

Pero todavía había un problema que debía resolverse primero, y esa era ahora su prioridad. Por lo tanto, decidió partir hacia Jope a la mañana siguiente, acompañado de su suegro y de Absalum y dejando a Sarah en compañía de Josafá, hasta que tuvieran opinión de Cornélia, después que ella supiera toda la verdad.

Capítulo XXIX

En Jope, Cornélia aprovechaba la ausencia de su marido para repensar su vida, y especialmente sus actitudes, de las cuales se arrepentía cada vez más, además de sentirse tristemente sorprendida por los sentimientos enfermizos en los que se había dejado envolver.

Admitió que Justa había influido mucho en ella, pero asumió la responsabilidad de todo eso, sabiendo que a ella le correspondía mostrar más respeto y confianza a su marido, como él siempre le había demostrado.

Tales reflexiones la llevaron, esa tarde, a orar por Sarah, Josafá y Absalum, de quienes no tenía conocimiento.

Justa, entrando en el cuarto de su señora, se dio cuenta de su recuerdo y, tras unos momentos de silencio, preguntó respetuosamente:

– ¿Señora estaba orando a los dioses por su madre y su marido?

Ante el interés de la criada, ella respondió de buena voluntad:

– Ninguno de los dos.

– ¿A qué se refiere? – Insistió Justa, sin entender la respuesta.

– No recé a los dioses y no recé por mi marido.

– Pero entonces...

Cornélia, notando su vergüenza por haber sido indiscreta, dijo con nueva entonación:

– Hace muchos años, Justa, que escucho de Marcus hermosas historias sobre el Dios mágico, a quien conoció cuando aun era muy joven.

– ¿Y cómo podría un solo Dios encargarse de todo, sin la ayuda de otros dioses? – Preguntó ella, curiosa.

Una sencilla sonrisa apareció en los labios de la señora, al identificarse con Justa, al recordar sus primeras conversaciones con su marido sobre el tema. Con paciencia, intentó explicar:

– Al igual que tú, yo tampoco podía entender esto, y Marcus me dijo que los ayudantes de Dios no están en el cielo junto a Él, sino cerca de nosotros.

Más suspicaz ahora, Justa preguntó casi con incredulidad:

– Significa que los dioses están aquí entre los hombres.

Sin juzgar la actitud de la criada, Cornélia intentó aclarar sus dudas:

– Según me dijo, Marcus aprendió que Dios envía a Sus enviados para ayudar a los hombres a comprender las leyes divinas y así corregir sus errores, para que en el futuro puedan ayudar a otros hombres a ser mejores también, y así sucesivamente.

– Pero ¿cómo? ¿Podemos volver de la muerte para ayudar a los que viven?

Como esta también era su mayor duda, la joven buscó las palabras adecuadas para responderle a l sierva.

Y, aun ante sus propias dificultades, dijo con sinceridad:

– Esta es la razón que me hizo dudar de este Dios en algunos momentos de mi vida. Sin embargo, Marcus me contó una historia que siempre me hace sentir muy esperanzada y deseo que esto realmente suceda.

– ¿Y cuál es esta historia, señora? ¡Tengo miedo a la muerte y si hay una manera de volver atrás quiero saberlo!

– Es una historia muy bonita, que habla de un pueblo de gran fe, y de algunas de aquellas personas enviadas por Dios entre este pueblo, para ayudarlos en el cumplimiento de sus leyes...

Se detuvo al ver a Rosa, que entraba corriendo a la habitación y decía con una hermosa sonrisa en los labios:

– Espera mamá, porque yo también quiero escuchar esta historia.

Con su hija en brazos y dominada por un suave sentimiento de paz y alegría, Cornélia reanudó su relato, tal como ya lo había hecho tantas veces su marido con ella:

– Hace muchísimos años había un pueblo que ya conocía la existencia de este único Dios, al que amaba y se dedicaba a servir. Eran los hebreos, que creen en Dios y Padre Nuestro, lo que nos hace a todos hermanos, y por eso debemos amarnos y respetarnos. Él también está presente en todas partes, porque es el creador de todo.

Después de una breve pausa, continuó:

– Entre este pueblo nacieron muchos hombres que transmitieron la voluntad divina a otros a través de profecías. Entre estos profetas hubo uno llamado Moisés y quien los liberó de Egipto, siguiendo las instrucciones que recibió de Dios a través de sus mensajeros.

– ¿Eran estos mensajeros los dioses? – Preguntó Justa sin poder contener la ansiedad.

– Bueno, Marcus dice que no eran dioses, sino almas de antiguos profetas que también vivieron entre aquel pueblo y que continuaron sirviendo a Dios, trabajando para su guía y liberación.

– Pero ¿cómo? – Insistió la criada, con dificultad para entender.

Fue Rosa, en su pureza infantil, quien habló:

– ¡Vaya, es tan simple!

Y frente a las miradas sorprendidas de ambas, Rosa continuó:

– Papá ya me dijo que cuando morimos dejamos nuestro cuerpo aquí en la Tierra y nuestra alma va al cielo, uniéndose a los que vinieron antes que nosotros. Pero, al dejar aquí nuestros afectos, si hemos mejorado en el tiempo que vivimos aquí, podemos seguir ayudándolos con nuestro cariño y haciéndonos presentes, a través de los sueños y los buenos sentimientos y pensamientos que les damos.

Sin saber que su hija tenía tales conocimientos, Cornélia volvió a preguntar:

– ¿Y qué más te ha contado tu padre sobre esto?

La niña pensó un poco y respondió:

– Dijo que no necesito temer a la muerte ni a los que están muertos, porque antiguamente era común que habláramos con ellos; como no supimos respetar esta bendición que Dios nos dio, fuimos privados de ella, al menos por ahora.

Aun más sorprendida, la joven no supo qué decir; en cuanto a Justa, su mente estaba llena de dudas, lo que la hizo preguntar:

– ¿Por qué los profetas podían hablarles a ellos y no a nosotros?

La muchacha pensó unos instantes más y concluyó:

– Papá me dijo que estos profetas lograron mejorarse mucho aquí en la Tierra, y por eso recuperaron esto.
Y que todos podemos hacer esto también si nos convertimos en mejores personas.

Al notar que ahora ambas estaban en silencio, cerró el asunto, dejando el regazo de su madre para salir de la habitación.

En la puerta decía con naturalidad:

– ¿Por qué no lees simplemente esa otra historia, sobre el Hijo de Dios que está en la Tierra, y cómo varios profetas habían hablado de su venida? Esto definitivamente podría ayudarte a entender algo.

Después que la niña salió de la habitación, Justa se animó e insistió a Cornélia:

– Señora, sé que he cometido muchos errores en mi vida, pero me gustaría pedirle que me cuente la historia que mencionó Rosa, porque quiero ser una mejor persona.

Debido a la sinceridad en las palabras de la sirvienta, la joven buscó en su memoria todos los detalles y comenzó:

– Hace unos años, una noche, apareció una estrella en el cielo...

Y luego narró esa historia, haciendo que Justa se sintiera envuelta por la energía que ahora vibraba por toda la habitación.

Al final, conmovida hasta lo más profundo de su alma, le confió a su ama, un poco avergonzada:

– El señor Absalum también me habló de este Hijo de Dios, y aseguró que todos podremos verlo muy pronto.

Al encontrar extraño aquel comentario, fue Cornélia quien entonces preguntó con cierta ansiedad:

– ¿Y cómo puede decir eso?

– No lo sé, señora. Sin embargo, durante nuestra última conversación, Absalum me aseguró que está muy cerca de aquí, y además...

Justa guardó silencio y al cabo de unos instantes añadió emocionada:

– Dijo que su nombre es Jesús.

Cornélia sintió que su corazón se llenaba de esperanza. Después de tanto tiempo, ahora veía sus dudas respondidas, aunque siempre había guardado en su corazón el deseo que esto sucediera algún día.

– ¡Jesús! – Exclamó, bajo una fuerte emoción.

– Sí señora, así lo llamaba Absalum.

Con la mente hirviendo de preguntas que le gustaría ver respondidas, Cornélia no pudo evitar pensar en lo feliz que estaría su marido al saber todo eso. Por eso, después de unos momentos, volvió a preguntar:

– ¿Y qué más te dijo Absalum sobre Jesús?

– Lo único que me dijo fue que, hace unos años, él y otros compañeros tuvieron la oportunidad de acoger a un joven en su comunidad. Y éste les enseñó mucho sobre el amor y la voluntad de Dios, la cual una vez más se cumplió, como ya está escrito.

– ¿Y eso fue hace mucho tiempo?

– No puedo decirlo, señora. Pero Absalum parecía tener mucha confianza en todo esto, lo que me hizo querer saber más sobre el tema y esperar ansiosamente su regreso. Sin embargo, después de lo que escuché aquí, ya no tengo dudas.

– ¿Cómo así?

Justa bajó la mirada y, con humildad, dijo:

– ¡No conozco estas profecías ni soy de este pueblo, pero si el Hijo de Dios está aquí quiero seguirlo!

Cornélia quedó asombrada por la determinación de Justa y sintió que la fuerza de aquellas palabras le conmovía el corazón. Se dio cuenta que ella misma, que había sabido todo esto desde hacía tanto tiempo, nunca había tenido esa firmeza, excepto cuando se sentía cerca de la muerte.

Ante esta íntima conclusión, ahora surgió otro pensamiento: ¿sería realmente la muerte, como le había dicho Marcus, una puerta a la vida verdadera?

Eso; sin embargo, tendría que esperar para ver la respuesta.

Capítulo XXX

Todavía les separaban algunos días de viaje de Jope, cuando Absalum escuchó el comentario de dos esclavos acerca de un hombre que habían visto en las cercanías de Jerusalén, hablando del Reino de Dios. Luego, volviéndose hacia ellos, el anciano preguntó emocionado:

–¿A quién te refieres?

Luego de intercambiar una mirada sospechosa, ambos notaron el sincero interés de Absalum y uno de ellos decidió responder:

– Lo vimos cerca de las puertas de Jerusalén. Sin embargo, muchos de los que le seguían venían de otras ciudades, lo más lejanas posible, y decían ser realmente el Hijo de Dios, pues había realizado muchas curaciones por donde pasaban.

– ¿Y cuál es su nombre? – Preguntó Absalum, tratando de calmar sus emociones.

– Jesús. Así lo llamaron.

Sin preocuparse por lo que sucedía a su alrededor, el anciano cayó de rodillas allí mismo, entregándose a una profunda oración. Fue entonces cuando Marcus, al verlo así, se acercó a él ante la mirada temerosa de los esclavos y le tocó los hombros.

Absalum, frente a su amigo, dijo con voz temblorosa:

– Está cumpliendo su misión.

Sin entender a qué se refería, Marcus miró al anciano, quien pronto acudió en su ayuda, respondiendo a sus preguntas:

– Jesús está nuevamente entre el pueblo, tal como nos dijo que estaría.

Y notando su extrañeza, concluyó:

– ¡Es Él, el Hijo de Dios, de quien hablo!

Las piernas de Marcus casi cedieron, mientras su corazón latía salvajemente. Después de todo, aunque su alma lo deseaba mucho, temía que nunca sucedería.

Luchando por permanecer de pie, volvió a mirar a Absalum, quien al levantarse le tranquilizó:

– Sé que muchas dudas rondan tu mente y tu corazón, y ya tendremos tiempo de aclararlas una a una. Ahora; sin embargo, necesitamos tomar algunas decisiones.

Apoyándose en Marcus, empezó a caminar y continuó:

– Es tu deber regresar a casa, ya que tu familia te dará la bienvenida.

Eso es todo, y queda el problema de Sarah que resolver. En cuanto a mí, visto lo que escuché aquí debo volver a lo mío, ya que tengo algunos compromisos y, aunque desease estar contigo para ayudarte, creo que todo se resolverá a satisfacción de todos. Además cuentas con el apoyo de tu suegro, quien te ayudará mucho.

Sabiendo que su amigo quería explicaciones sobre muchas cosas, añadió amablemente:

– Ten paciencia, porque como te dije, ya tendremos tiempo de aclarar todas tus dudas. Lo único que tengo que decirte en este momento es que realmente comienza una nueva vida para ti y, si quieres abrazarla como es debido, aprovecha estos días en casa para fortalecerte para el viaje, ya que muchas cosas están por venir.

Aunque no sabía a qué se refería el anciano y sentía cierta opresión en el pecho, Marcus no se dejó vencer por el miedo, ya que estaba decidido a esperar las respuestas de Absalum. Al notar esto en sus ojos, concluyó:

– Bien, ahora sé el motivo de tu elección. Solo un soldado que ama la causa por la que lucha podría enfrentar sus propios miedos con la certeza de encontrar algo mejor.

Avergonzado por las palabras de su amigo, pero feliz de ser comprendido, permaneció allí, mientras el anciano se alejaba, poniendo fin a esa conversación por el momento.

Cornélia escuchó acercarse los caballos y salió apresuradamente de su habitación, con el corazón ansioso por volver a ver a su marido.

Para su sorpresa, además de Marcus vio a su padre, a quien quería mucho y al que no había visto desde hacía algún tiempo.

Rosa, igualmente feliz de verlos, se arrojó en brazos de su padre apenas se bajó del caballo; lo abrazó fuerte y exclamó alegremente:

– ¡Qué maravilla poder volver a verte antes de tu partida, papá!

Cornélia, que encontró extrañas las palabras de su hija, también tradujo el asombro de Marcus preguntando:

– ¿De qué estás hablando, Rosa? Tu padre acaba de llegar y probablemente no volverá a ir a ningún lado. ¿No ves que ni siquiera usa uniforme de general?

Sin parecer importarle ese detalle, la niña respondió, ya en brazos de su abuelo:

– Papá saldrá pronto de nuestra casa y es posible que no lo veamos por algún tiempo. Pero no me importa, porque sé que él nos seguirá amando dondequiera que esté.

Un poco asustada ya, Cornélia se apoyó en su marido que ya estaba a su lado y le preguntó:

– ¿A dónde va tu padre cuando no lo veremos?

Rosa miró profundamente a los ojos de Marcus y habló con la misma alegría que antes:

– Va a buscar la estrella.

Sin dudarlo, la joven insistió a su hija:

– ¿Qué estrella?

Como si supiera que su padre la entendía, dijo con una sonrisa:

– Pregúntale.

Con la evidente curiosidad y preocupación de su esposa y su suegro, quienes esperaban una explicación, Marcus les hizo una señal para que lo siguieran y dejó a Rosa al cuidado de Justa.

Luego se dirigió a sus habitaciones, donde sacó de sus pertenencias algunas notas y se las entregó a Cornélia, quien las leyó en silencio y con atención. Al final, la joven miró a su marido, hablando entre lágrimas:

– No puedo decir que no esperaba que esto sucediera un día. Sin embargo, no pensé que sería así.

Y volviéndose hacia Cneio, intentó responder a su pregunta:

– Marcus siempre me dejó claro el porqué de su fe en todo lo que compartía conmigo. Pero él reconoce que, para mí, las historias que contaba no eran más que una forma amorosa de intentar ayudarme a comprenderlo.

Ante la perplejidad de su suegro, con mirada firme le pidió a su esposa que fuera más clara, en lo que rápidamente esta respondió:

– Papá, hay mucho que contarte antes que puedas entender lo que está pasando aquí. Como dije hace un momento, yo misma no creí completamente todo lo que escuché. Sin embargo, Marcus siempre me hablaba de las notas que había tomado desde que estuvo en Egipto y de todo lo que le había sucedido allí. Me mostró varias veces escritos como este, donde narra el nacimiento del Hijo de Dios y muchos otros episodios que pensé que eran solo hermosas historias, y no hechos reales y grandes enseñanzas, como ahora sé que son.

Y, tras un profundo suspiro, concluyó:

– Tampoco creía que fuera capaz de seguir haciendo de esta su vida ideal, como ahora sé que es.

Tomando el escrito de las manos de su hija, Cneio lo leyó con afecto y se volvió emocionado hacia su yerno, diciéndole:

– Nunca pensé que un hombre pudiera expresar tantos sentimientos a través de la escritura; siempre he considerado las actitudes como decisivas para demostrar quiénes somos, y veo que estaba muy equivocado. Si un soldado como tú puede ser tan diferente, en sentimientos, de las actitudes que se vio obligado a adoptar en el cumplimiento de sus deberes, ¿qué no puedes esperar ahora que eres libre de seguir tu vida impulsado únicamente por los sentimientos, como estos que me identifico en lo que leí?

Aunque estaba contento con su comprensión, Marcus sabía que no sería tan sencillo dedicarse a su vocación y experiencia de los principios en los que creía. Después de todo, tenía una familia y se había comprometido con Roma a mantenerse alejado de las grandes ciudades y presentarse ante un oficial siempre que lo llamaran. Por tanto, no podía actuar apresuradamente.

Al notar también la sombra que cubría el brillo de los ojos de su esposa, trató de fortalecerla con un afectuoso abrazo, mientras elevaba su pensamiento a Dios en busca de inspiración para tomar la decisión adecuada.

Para su sorpresa, escuchó de Cornélia:

– Como dijo papá, dada tu sensibilidad y después de todo lo que te viste obligado a hacerse para ahorrarnos estos años, no sería justo pedirle nada más. Por tanto, haz lo que te diga tu corazón.

Marcus, con el alma inundada de felicidad, apretó aun más a su esposa contra su pecho, en el que ella reconoció el firme pulso de cariño y gratitud que su marido sentía en ese momento.

Luego, acudió donde su suegro, de quien recibió un abrazo paternal, apaciguando definitivamente su corazón.

Capítulo XXXI

Después de una noche de mucha reflexión, a pesar de estar feliz con la posibilidad de hacer realidad el sueño de su vida, Marcus sabía que todavía tenía un serio desafío por delante a la espera de solución.

Por eso, en cuanto el Sol apareció en el horizonte, buscó a su suegro para saber qué pensaba hacer con Sarah y Cornélia.

Su preocupación era clara y, en cuanto lo vio sentarse a su lado para comer, Cneio dijo:

– Sé que todavía tenemos un asunto importante que resolver antes que pueda irme. Pero quiero decir que después de la actitud de mi hija ayer, no creo que nos resulte difícil llegar a una buena solución al asunto.

Fue entonces cuando Cornélia entró en la habitación, preguntando curiosa:

– ¿Qué problema es este que hay que resolver?

Marcus volvió a fijar su clara mirada en su suegro, como dándole fuerzas para esa conversación. Decidido a llegar hasta el final, Cneio comenzó diciendo:

– Hija mía, así como lo notamos anoche en los escritos de tu marido, mi vida también se parece mucho a una de esas historias que parecen inventos o utopías. Sin embargo, lo que quiero decirte no es ni una cosa ni la otra; y, sí, la realidad que me creé y que lamentablemente involucró a otros corazones, a quienes amé mucho y amo todavía.

Sintiendo la gravedad del asunto, debido a la vergüenza de su padre, Cornélia intentó tranquilizarlo:

– No importa lo que tengas que decirme, siempre te amaré y me esforzaré por comprenderte.

Mientras los corazones se tranquilizaban, al sentir el cariño de su hija en aquellas palabras, comenzó de nuevo:

– Cuando aun eras muy pequeña, en uno de mis viajes a Roma, conocí a una joven que, bajo mis órdenes, la convertí en esclava y...

Cneio narró detalladamente todos los hechos de su vida desconocidos hasta ese momento para Cornélia, terminando diciendo humildemente, entre lágrimas:

– Sé que no tengo derecho a pedirte nada.

Pero después de todo lo que te dije. ¡Sin embargo, si todavía queda en tu corazón un mínimo de amor y respeto por tu padre, me gustaría que se lo dieras a tu hermana!

La joven no supo qué decir, ya que algunas lágrimas caían de sus ojos. En su corazón no había resentimiento contra su padre, pero la culpa y el arrepentimiento de días atrás parecían intensificarse. Por eso, ante la mirada suplicante que Cneio le puso, y Marcus que esperaba en oración, Cornélia dijo sinceramente:

– No sé cómo redimirme por los errores que cometí contra mi hermana. Sin embargo, debes saber que haré todo lo posible para que ella me perdone y para que podamos seguir siendo la familia feliz que siempre fuimos.

Al escuchar esas palabras, el corazón de Cneio se iluminó como nunca, y el calor del amor que sentía por sus hijas le hizo decir con sinceridad y humildad:

– ¡Gracias Dios mío!

Marcus y Cornélia se miraron sorprendidos por esa actitud, pero no hizo falta ninguna pregunta para que él, tras una breve pausa, dijera, más controlado en sus emociones:

– Lamento esta revelación, pero sé que entenderás mi silencio al respecto, ya que no imaginaba que ambos compartieran mi creencia.

Y al notar que todavía estaban esperando aclaraciones, continuó:

– Consciente que había cometido muchos errores en mi vida, en los últimos años había estado triste y desanimado. La falta de fe en mis propios ideales me había llevado a cuestionarme muchas cosas, de las cuales quería saber el motivo. Fue allí que en uno de mis viajes tuve la oportunidad de escuchar a un hombre hablarle a la gente sobre Dios y su amor por todos nosotros.

Al escucharlo, Marcus sintió que su corazón latía con fuerza en su pecho, mientras Cornélia miraba a su padre con ternura.

Cneio, envuelto por sus recuerdos, continuó la narrativa bajo fuerte impresión:

– Todo sucedió de manera extraña. Me dirigía esa mañana hacia Jerusalén cuando los soldados que me escoltaban pidieron permiso para hacer una pequeña parada, para saciar la sed de los caballos, ya que estábamos a orillas del río. Siguiendo su petición, yo también desmonté y, dejando que los soldados se ocuparan de los animales, caminé a lo largo del río. Fui a una pequeña elevación, desde donde podía ver una multitud alrededor de un hombre, que hablaba con todos desde el interior del agua.

Después de la pequeña pausa, comenzó de nuevo con una nueva entonación:

– Habló del Reino de Dios y de Su enviado, que ya estaría en el mundo para cumplir la voluntad del Padre y las promesas que Él había hecho a aquel pueblo tiempo atrás. Fue cuando apareció entre la gente un joven que, caminando hacia él, declaró con firmeza, y al mismo tiempo con inmensa gentileza:

"Juan, estoy aquí y, como mi Padre ordenó, quiero que me bautices y que se cumpla su voluntad."

– Reconociendo a alguien especial en aquel joven, el hombre que estaba en el agua se arrodilló en señal de respeto, y fue ayudado por Él a levantarse. Luego, en un gesto de profunda humildad, fue el muchacho quien se arrodilló e inclinó la cabeza sobre las aguas del río, mientras reinaba un profundo silencio entre todos en el lugar.

Emocionado, Cneio luchaba por terminar la narración, cuando logró decir, volviéndose hacia Marcus:

– Desde donde estaba pude ver claramente que, mientras ese muchacho estaba sumergido en el agua, tenía la intención de la luz emanó de Él para el pueblo, así como también descendió del cielo una lluvia de luces, que no puedo imaginar qué fue. Ante lo que vi y sobre todo lo que sentí, yo, como los demás, me arrodillé con enorme respeto, porque en ese momento supe que era alguien muy especial.

Con un nuevo brillo en sus ojos, continuó:

– Sin que nadie me notara durante todo ese tiempo, volví con los soldados y nos dirigimos a Jerusalén, donde cumplí con mis deberes y luego regresé a casa, trayendo siempre vivo en mi memoria todo lo que allí había visto. Después de unos meses, otro viaje me llevó a ese lugar y escuché a la gente hablar nuevamente de Él, pues decían que un hombre llamado Jesús predicaba al pueblo y era llamado Hijo de Dios por los que lo seguían. Entonces, habiéndome informado dónde estaría, fui de incógnito para escucharlo. Al final, cuando me disponía a partir, sentí que alguien me observaba y al girarme encontré Su mirada firme pero amorosa, mientras Sus palabras parecían resonar en mi interior:

"Sé que viste…"

– Esto me hizo darme cuenta que él sabía que yo había estado presente en el río. Luego, concluyó con inmensa dulzura:

"Y ahora habéis oído muchas cosas sobre Dios, Nuestro Padre, y Su reino de Paz y de Amor. Entonces mirad, y no olvidéis que ambos existen, y que comienzan dentro de vosotros."

Cneio concluyó entre lágrimas:

– Fue a partir de ese momento que decidí buscar a Mirabel y a mi hija, ya que en mí no podía haber nadie en este Reino de Paz y Amor si no estuviera en paz con mi conciencia. Por otro lado, entendí que ninguna ley del Senado traerá justicia entre los hombres si no había un cambio personal íntimo. Solo cuando cada uno se cuide de sí mismo y se haga responsable de sus actitudes, ¡no necesitaremos que nos digan lo que debemos o podemos hacer!

Al final de su relato, Cneio estaba profundamente conmovido y feliz, y el sentimiento que lo rodeaba era compartido por Marcus y Cornélia, quienes permanecían en silencio. Luego reanudó su discurso:

– Al fin y al cabo, no será difícil comprender el motivo que me llevó a abrazar también el ideal de Marcus, después de haber oído muchas cosas de Absalum sobre este Jesús.

Y añadió sinceramente:

– Lo que más me impresiona es que desde hace años los hechos suceden en silencio, como si realmente todos lo supieran y estuvieran esperando, porque allí encontré gente con ese chico de todas partes e incluso muchos patricios, que, como yo, se disfrazaban ellos mismos para estar allí.

Marcus sonrió ante ese comentario y no pudo evitar recordar a su amigo Naktaf, quien le había iluminado sobre la gran espera de nuestras almas.

Cornélia, pareciendo notar esto en la actitud de su marido, preguntó:

– ¿Me pregunto si mientras estemos aquí podrías mostrarle a mi padre tus otras notas?

Marcus hizo un gesto afirmativo, pero le asaltó una duda: ¿qué quiso decir con "mientras estemos aquí"?

Antes que pudiera terminar su pensamiento, ella explicó:

– Sé que quizás no estés de acuerdo, pero esta tarde pensé mucho en el asunto y quiero ir contigo. Como ya te dije no sé hacer nada, pero espero aprender algo que pueda ser útil y ayudarte de alguna manera.

Por mucho que le conmoviera la actitud de su esposa, Marcus sentía que el cambio no sería tan sencillo. Para aclararlo, se volvió hacia su suegro y le pidió ayuda con una mirada.

Sabiendo lo que preocupaba a Marcus, Cneio le habló amablemente a su hija:

– Cariño, sé cuánto deseas estar con tu marido, y así conmigo. Sin embargo, como dijiste hace un momento, todavía no sabemos cómo podemos ser útiles. Por eso, lo mejor es no molestarlo hasta que estemos preparados.

– ¡Pero yo quiero aprender! – Insistió, casi como una niña, con la respuesta:

– Entonces, creo que podemos empezar por tener la paciencia de esperar aquí a que regrese tu marido. ¿Crees que los cambios ocurren de la noche a la mañana? No, Cornélia, así no suceden las verdaderas transformaciones. Verás, me tocó vivir más de treinta años al servicio del Senado, siendo un fiel seguidor de estos ideales de igualdad y justicia, incluso cuando me enfrenté a quienes solo estaban allí para defender sus propios intereses, hasta que fui capaz de ver y oír, como Jesús me dijo ese día, lo que realmente necesitaba. No solo mi voluntad fue suficiente; tenía que estar realmente preparado para eso, o esa reunión no habría tenido sentido. No lo entendería si no hubiera pasado por tantas experiencias en estos muchos años de trabajo en la sincera defensa de un ideal.

Aunque molesta, la joven no encontró motivos para cuestionar aquellas palabras, las cuales decidió aceptar porque sabía que eran correctas para ella en ese momento. Al darse cuenta de esto, Marcus tomó sus manos y las besó afectuosamente.

Cuando sintió amor y gratitud por su actitud en el gesto de su marido, sonrió feliz, aunque sabía lo difícil que sería mantenerse alejada de él y aceptar que ésta, por primera vez, tendría que ser su decisión.

Solo entonces se dio cuenta que, si realmente quería poder acompañarlo algún día, tendría que aprender a rendirse. Entonces, todavía con algo de esfuerzo, alcanzó a decir:

– No te preocupes, estaremos bien. Sabemos que, siempre que sea posible, volverás para aliviar nuestras ansias, así como para ayudarnos y enseñarnos un poco más con tus escritos.

Capítulo XXXII

Después de esa conversación, mientras Cneio hacía algunos arreglos para que Sarah y Josafá pudieran regresar, Marcus despidió a los pocos soldados que aun quedaban en su casa, dándoles la orden del Emperador de regresar lo antes posible a Roma.

Sin imaginar lo que estaba pasando, por la tarde todos se marcharon, dejando definitivamente a Marcus libre de cualquier implicación con sus antiguos deberes.

Entonces comenzó a planear su viaje, pensando cuidadosamente en cada detalle, para poder estar siempre en contacto con su familia, no solo para darle seguridad, sino para evitar complicaciones respecto al compromiso adquirido con el Emperador.

Dedicado al máximo a su hija y esposa, comenzó a escribir cada vez más sobre sus recuerdos y experiencias, inspirándose aun más y siendo capaz de traducir sus sentimientos en las hermosas historias que guardaba en lo profundo de su alma, podría tenerlo siempre presente con su familia.

Una tarde mientras se concentraba en esta tarea, escuchó una suave melodía que lo hizo dejar sus notas y dirigirse hacia el jardín, donde encontró a Cornélia y Rosa cantando y tocando. Al verlo, fue su hija quien se apresuró a decirle alegremente:

– Sabíamos que vendrías, papá, cuando escuchaste la llamada.

Sin saber a qué se refería Rosa, esperó hasta que la niña se explicó:

– Le dije a mamá que, apenas me enteré de tu partida, supe que esta canción te haría sentir nuestra presencia, pues fue tu amigo quien me enseñó a cantarla.

Marcus se sentó junto a su hija y, tras un ligero esfuerzo, recordó la canción que solía cantar Naktaf cuando se entregaba a sus reflexiones, notando claras similitudes entre ella y la que la niña comenzaba a cantar.

Cornélia notó que había algo que necesitaba aclarar y por curiosidad le preguntó a Rosa:

– ¿Dónde y cuándo estuvimos con uno de los amigos de tu padre, sin tenerlo cerca, para que aprendiera tal canción?

La niña se volvió serenamente hacia su madre y le dijo:

– ¿Dónde más recibes amigos, si no en nuestra casa?

– Pero no hemos recibido a nadie desde que llegamos aquí, Rosa.

La joven insistió, aun más desconcertada, cuando fue cuestionada por su hija, quien afirmó con total naturalidad:

– No sé cómo puedes decir eso mamá, ya que desde que llegamos ha estado al lado de mi padre un amigo muy querido y fiel en todo momento.

Cornélia fijó su mirada en Marcus, quien abrazó emocionado a la niña al darse cuenta de lo que estaba pasando. Y, frente a su esposa que esperaba una explicación, no tuvo otra manera de responder que escribiendo el nombre de su amigo en la arena bajo su peso: Naktaf.

Al leer esa palabra, Cornélia no supo qué pensar. Marcus notó su sorpresa y le indicó que lo siguiera. Dejando a Rosa al cuidado de Justa, ella lo siguió y al entrar a la habitación de su marido vio sus últimas notas sobre la mesa, entre las cuales él sacó una, que le dio a leer. Justo al principio encontraste el siguiente extracto:

"Desde que me dirigía para acá, su presencia amiga se ha hecho cada vez más fuerte, y a veces incluso puedo verlo a mi lado, como dijo en el pasado que estaría cuando llegara el momento.

A pesar de esto, todavía me resulta difícil entender cómo sucede; pero sé que solo fortaleciendo mi fe me será posible comprender plenamente esto y mucho más. Sin embargo, una cosa ahora tengo clara: ¡sé que necesito volver a mi camino y vivir lo que me propuse!"

A partir de ese mensaje, Cornélia entendió que había llegado el momento que Marcus se fuera; sabía; sin embargo, que en su hija no solo tendría una compañera, sino alguien de quien tendría mucho que aprender.

Seguro que no había nada más que pudiera hacer allí, Marcus decidió irse esa mañana con el corazón sereno, no solo por el reencuentro de Sarah y Cornélia, pues ésta cuando se despidió, afirmara con emoción estar preparada para recibir a su hermana como a ella le gustaría ser recibida, si estuviera en su lugar, pero también para su hija y su hogar, ya que allí contaría con la presencia de Cneio y Josafá para velar por todo mientras él estuviera fuera.

Luego se dirigió a la casa de Absalum, de donde había planeado partir hacia Jerusalén.

Habiendo obtenido nueva información sobre Jesús, sabía que solía hablar con la gente fuera de la ciudad, y esperaba poder encontrarlo de esta manera sin violar su compromiso con Roma. Si todo salía como esperaba, podría escuchar Su palabra y aprender de Él, como su alma anhelaba tanto. Cuando llegó a casa de su amigo, lo encontró en la puerta como si ya lo hubiera estado esperando, con una cálida sonrisa.

Y, tras un abrazo fraternal, escuchó de él:

– ¡Bienvenido una vez más a este hogar, hermano mío! Y que siempre sea un lugar para renovar fuerzas, ahora que comienzas un nuevo camino.

Conmovido por esas palabras, Marcus se dejó llevar al interior por el anciano, para el necesario descanso. Entonces Absalum se sentó a su lado, como quería hablarle, y comenzó diciéndole con cariño y franqueza:

– Sé lo ansioso que debes estar, pero debes ser consciente de que, lamentablemente, casi nada ha cambiado desde el nacimiento de Jesús.

Marcus sintió la gravedad de esas palabras y lo miró más profundamente mientras continuaba:

– Desde que me instalé por estos lares he estado esperando noticias sobre Jesús, y lo que me ha llegado en los últimos días me confirma que su camino es difícil y lleno de luchas, de las cuales nos será posible aprender grandes lecciones, pero que también requerirá muchos sacrificios.

Bajo la atenta mirada de su invitado, continuó:

– Supe que la incomprensión de muchos hermanos ha generado serias discusiones; incluso entre quienes lo esperaron, hay quienes ahora no están dispuestos a seguir los caminos que Él nos muestra. Escuché que los sacerdotes no lo reconocían y lo negaban como Hijo de Dios, y que decían a todos que Él era una persona más que intentaba hacerse pasar por el Mesías.

Al notar cierta aprensión en el rostro de su amigo, Absalum aclaró:

– Sabemos que eran la parte más iluminada del pueblo, y que debían ser los primeros en proclamar su llegada. Sin embargo, los intereses del mundo muchas veces nublan nuestros ojos y confunden nuestro corazón, alejándonos del verdadero camino. Por eso, nuestro compromiso se vuelve aun más importante; como te dije una vez, tenemos que analizar nuestras acciones para que no se pierda ningún fruto, especialmente aquellos que están bajo nuestra responsabilidad.

Ante esta advertencia, Marcus se dejó sumergir.

Se quedó en sus pensamientos, mientras el anciano se marchaba a ocuparse de sus asuntos.

Reflexionando sobre los comentarios de su amigo, recordó cuánto le había dicho Naktaf sobre la dificultad de transformar a los hombres, incluso cuando el futuro les depara algo mucho mejor de lo que pueden concebir. Y esa prisa e inmediatez nos hacen dejar que el brillo de la ilusión toque nuestro corazón y decida nuestras acciones.

Marcus comprendió que entre los que habían venido para colaborar en la llegada de Jesús, muchos se encontraban ahora en esa situación, recordando que él mismo se había distanciado de sus ideales, impulsado por la preocupación por el presente. A pesar de esto, se sintió agradecido y seguro de haber regresado a su camino y se esforzaría por no desviarse nunca más de él.

Capítulo XXXIII

El tiempo que pasó allí con su padre, antes del regreso de Sarah y Josafá, hizo mucho por Cornélia, quien demostró claramente su cambio; no le resultaría difícil recibir a su hermana como deseaba, ya que realmente estaba llena de buena voluntad y afecto hacia Sarah.

Ésta, a su vez, dedicará también gran parte de su tiempo a conversaciones edificantes y a la oración, junto a Josafá, lo que la hizo sentir tranquila, con la certeza que todo terminaría bien entre ellas.

Entonces, cuando aquella mañana oyeron acercarse los caballos, Cneio y Cornélia se apresuraron a recibirlos, con el corazón lleno de alegría. Tan pronto como Sarah volvió a ese piso, fue recibida por su hermana, quien la saludó calurosamente:

– Bienvenida a casa. Espero que tu perdón pueda cerrar definitivamente el pasado y abrir las puertas a un futuro feliz para todos nosotros.

Sus últimas palabras las pronunció con voz temblorosa de emoción, a lo que Sarah respondió con alegría:

– No tengo nada que perdonarte, porque te entiendo. Ahora lo que importa es que vivamos en paz.

Se abrazaron lealmente, mientras Cneio las miraba entre lágrimas, sintiendo que éste era sin duda el Reino de Dios al que Jesús se había referido, cuando mencionó que comienza dentro de nosotros. Después de todo, ahora teniendo la conciencia tranquila, sabía que no podría encontrar en ninguna parte, ni bajo ninguna otra ley que la de la inteligencia cumplida, la alegría, la paz y el amor que lo rodeaban en ese momento.

Sentimientos similares fueron compartidos por Josafá, quien, humilde, permaneció a distancia, agradeciendo a Dios por poder estar en casa y en armonía con todos. Pasadas las primeras emociones, Cneio los invitó:

– Entremos, porque todavía hay algo que debo hacer, antes que tengan el descanso que se merecen.

Todos aceptaron la invitación y lo siguieron hasta la sala principal. Después que estuvieron instalados, sacó un pequeño cofre, donde había varios pergaminos preparados, dos de los cuales entregó felizmente a Sarah y Josafá, diciendo:

– Esto me lo dejó Marcus antes de irse, y estoy muy feliz de entregártelo.

Cuando los abrieron, encontraron en los documentos los registros de su libertad soñada. Josafá, entre lágrimas, no podía pronunciar una sola palabra, mientras Sarah lo abrazaba: se conmovió y habló por ambos:

– ¡Gracias Dios mío, gracias!

Cornélia no pudo evitar darse cuenta de lo importante que eso era para ellos. Y, aunque conocía las fuertes emociones que los habían embargado ante toda la verdad, una vez que se les reveló, quedó claro que la libertad les daba mayor felicidad que cualquier otra cosa.

Al recordar entonces a su marido, comprendió el motivo de tanto dolor al relatar sus logros, como si cada victoria contuviera una derrota aun mayor para su corazón.

Reconoció lo difícil que debió ser soportar la posición que había alcanzado durante todos esos años, queriendo seguir otro camino, pero viéndose obligado a vivir y actuar de manera contraria a su ideal de justicia.

Luego, volviéndose hacia su padre, consideró que esto también le había sucedido a él, ya que siempre le había oído hablar, en sus conversaciones con los patricios o incluso con Marcus, de su devoción al lema de justicia e igualdad que soñaba ver reinar entre el pueblo, a través de un Senado apoyado sobre estas bases.

Para ambos, sin duda, debió ser grande la decepción, al verse involucrados con personas que no tenían las mismas pautas que las suyas. Este pensamiento hizo que el amor y respeto que sentía por ambos se intensificara aun más, llevándola a concluir para sí misma:

– Ciertamente, solo algo más grande puede llevar a algunos corazones a superarse para luchar por estos ideales.

Y sin darse cuenta que ella también comenzaba a actuar de esta manera, Cornélia volvió su atención a la conversación que había tenido lugar entre todos, dejando el despertar de su corazón a esto algo muy grande que puede haber en todos los corazones: la fe en Dios. .

Capítulo XXXIV

Cuando Absalum regresó a casa, la noche ya aparecía en el horizonte y Marcus, después de una tarde de muchas reflexiones, todavía esperaba poder acordar con su amigo el momento de la partida, creyendo que tendría su compañía.

Entonces, después de una comida sencilla, se sentaron juntos lejos de la casa, viendo a lo lejos las estrellas que brillaban en el cielo; fue entonces cuando el viejo dijo:

– Durante todo el día pensé mucho en el viaje que pretendes emprender.

Marcus lo miró atentamente y escuchó más:

– Conozco tus deseos, pero no puedo olvidar mis deberes.

Al notar cierta decepción en el rostro de su amigo, Absalum aclaró:

– Cada vez que me siento abrumado por la ansiedad, busco en la oración el equilibrio necesario para pensar y actuar.

A pesar de la dificultad para comprender sus razones, Marcus sintió que debía escucharlo atentamente y hacer un esfuerzo para superar la propia voluntad. Absalum captó este sentimiento y, contento con la actitud de su amigo, lo invitó a acompañarlo en una oración.

Mientras oraban, Marcus no pudo evitar notar una luz intensa que venía hacia él, emanando del pecho del anciano, quien finalmente aclaró:

– El cariño que te tengo es como el de un padre por su hijo. Por tanto, no queremos verlo obligado una vez más a abandonar el camino que quiere seguir.

Sintiendo que Absalum todavía tenía algo que decirle, continuó observándolo, hasta concluir:

– Sé que hay muchas cosas que me gustaría saber. Pero por el momento todo lo que tengo que decirte es esto. Además, continúa confiando y sirviendo a Dios, hasta que puedas encontrar tus respuestas por ti mismo.

Y cuando se levantó, invitó:

– Entremos y descansemos, porque mañana seguro que será un nuevo día con muchas posibilidades.

Siguiendo al anciano, Marcus se acomodó en la humilde cama que le habían improvisado y se dejó perder en sus pensamientos; solo se quedó dormido mucho tiempo después.

A la mañana siguiente, apenas amaneció, los despertaron unos fuertes golpes en la puerta. Sin quedar impresionado, Absalum caminó tranquilamente hacia allí y la abrió.

Para su sorpresa, se encontraron con dos jóvenes que parecían haber llegado de muy lejos, con la ropa hecha jirones y los pies lastimados por la caminata. Inmediatamente el anciano los invitó a entrar, brindándoles todo lo necesario para recuperarse, sin dirigir una única pregunta a ninguno de ellos sobre los motivos que los habían llevado allí en tales circunstancias.

Marcus no entendía cómo su amigo podía actuar de una manera tan distante y, en su opinión, también un tanto imprudente, abrigando a los extraños que pasaban por su casa. Sin embargo, al no poder interrogarlo al respecto, decidió ayudarlo, posponiendo la búsqueda de respuestas a sus preguntas para un momento más oportuno.

Sin embargo, luego de ser limpiados y alimentados, fueron los jóvenes quienes de buena gana comenzaron a aclarar el motivo de su presencia allí.

Eran hermanos y habían perdido todo lo que poseían en manos de Roma, ya que su padre no había podido pagar sus impuestos. Éste, por el desamor que sentía, acabó enfermando y muriendo a los pocos días. Los dos se quedaron sin techo y sin apoyo, ya que, tras la muerte de su padre, su tío, la única familia que les quedaba, pensó que ya había cumplido con su obligación al acoger a su hermano. En cuanto a ellos, tendrían que irse y buscar su destino, ya que eran jóvenes y no les debía nada.

Avergonzado al escuchar esa narración, Marcus no pudo ocultar sus sentimientos, que parecían ser observados por Absalum con extremo afecto. Tan pronto como los jóvenes terminaron sus explicaciones, el anciano dijo:

– Sé lo difícil que debe ser este momento para ti. Pero tengamos fe en Dios y dejemos que Él nos guíe por los caminos que Él quiere que tomemos, ¡porque solo el Padre sabe realmente dónde y cómo podemos y debemos llegar allí!

Sin entender del todo lo que el hombre intentaba enseñarles, pero siendo jóvenes educados bajo las leyes de la fe, ambos permanecieron en respetuoso silencio.

Marcus; sin embargo, sintió su corazón tocado por todo y especialmente por las últimas palabras de su amigo.

Después de todo, durante ese corto espacio de tiempo, tuvo la oportunidad de recordar su pasado, dándose cuenta que tanto él como su familia, a la que tanto amaba, habían pasado por situaciones similares, y que era difícil que estuvieran vivos si no habían encontrado corazones bondadosos como los de sus amigos Naktaf y Absalum para ayudarlos.

Como si una vez más pudiera seguir el triste razonamiento de su querido amigo, Absalum lo invitó:

– Vámonos, Marcus, porque nuestros hermanos necesitan descansar. Y al notar su sorpresa, continuó amablemente:

– Ponte cómodo en esta casa. Nuestras camas son tuyas ahora, y mientras descansas estaremos afuera ocupándonos de nuestros asuntos.

Marcus escuchó la llamada del anciano y lo siguió hasta el huerto; allí, bajo el mismo árbol de antes, se sentaron a conversar. Sabiendo lo que pasaba en su corazón, Absalum comenzó a hablar:

– Sé que todo lo que escuchaste te permitió reflexionar sobre tu propia vida y las dificultades por las que pasaste.

Ante un gesto afirmativo de Marcus, continuó:

– De verdad, todos pasamos por momentos en los que necesitamos una mano amiga, una palabra de comodidad, de un poco de comida o incluso de un hogar que nos reciba con las puertas abiertas, para que podamos descansar y recuperarnos. Si esto no les pasara a todos y Dios difícilmente podría ayudarnos, ante nuestra debilidad, ya que tenemos un cuerpo que requiere alimentos y cuidados que la fe por sí sola no puede suplir; ¡pero puede inspirar a quienes lo tienen a esforzarse por ayudar a quienes lo necesitan de esta manera también!

Una cierta confusión en los ojos de Marcus hizo que Absalum procurase con mayor claridad:

– Desde hace muchos años guardas en tu alma el deseo de servir a tu fe a través de lo que ya tienes de mejor, y que sin duda te será de gran utilidad, es tu don de escribir, registrar y transmitir enseñanzas. Sin embargo, hay algo tan importante como el conocimiento que esta fe puede aportarnos.

El anciano guardó silencio por un momento, levantó sus ojos húmedos al cielo, como si mirara la figura amada de alguien, y dijo:

– ¡A eso me refiero es al amor! Amor que podemos desarrollar con dedicación a los demás, viviendo así plenamente nuestra fe.

Al ver que Marcus empezaba a entenderlo, colocó una mano ligeramente temblorosa sobre el hombro de su amigo, debido a la emoción que también lo envolvía, y continuó con lo que llevaba mucho tiempo esperando decirle:

– Desde el día en que te acogí por primera vez en esta casa, sentí que había encontrado un compañero para mi viaje, que hasta entonces debía ser solitario. Sin embargo, el peso de los años ha intensificado en mí sus efectos, pronto ya no podré ser útil a muchos de nuestros hermanos que necesitarán ayuda.

Y tras un profundo suspiro, concluyó:

– Entonces, Marcus, en este día en que pudiste reconocer la necesidad del alma y también del cuerpo, así como los dolores que ambos pueden atravesar, y que todo el que quiera puede unirse para aliviar, mi invitación a permanecer; ven a este hogar que está al lado del camino y trabaja por tu fe, como sabes y deseas, y por aquello para lo que has sido preparado desde hace mucho tiempo. Os pido; sin embargo, que no os desviéis del verdadero servicio al que fuiste llamado, que es nutrir el alma con conocimiento y consuelo, sin dejar de ayudar aquí en la Tierra a alimentar el cuerpo que sufre, sobre todo sabiendo que ¡sin pan para esta persona, el pan del cielo siempre llegará tarde!

Conmovido en su alma no solo por lo que escuchó, sino por lo que sintió en su corazón, Marcus recordó la primera lección, cuando ese viaje comenzó para él, y en su mente las palabras de su amigo Naktaf resonaron nuevamente:

"¡Escucha solamente tu corazón!"

Ante esto decidió quedarse definitivamente con su amigo y ahora compañero de viaje. Y aunque había acariciado durante mucho tiempo el deseo de buscar y seguir a Jesús, en ese momento supo que lo había encontrado, aceptando cumplir su sagacidad allí, donde el Padre lo había colocado, ¡junto a aquellos HERMANOS DEL CAMINO!

Esta obra está dedicada a todas las Casas que con amor acompañan el camino de nuestros hermanos, personas necesitadas como nosotros, para que tengan siempre un lugar seguro y acogedor donde puedan entrar, descansar y luego continuar en paz, en su camino personal hacia el encuentro de Jesus.

Después de todo, Él es el Camino, la Verdad y la Vida para todos nosotros, sus hermanos que quedamos atrás, pero que sabemos que podemos contar incondicionalmente con su amor y su apoyo.

Lucius.

Grandes Éxitos de Zibia Gasparetto

Con más de 20 millones de títulos vendidos, la autora ha contribuido para el fortalecimiento de la literatura espiritualista en el mercado editorial y para la popularización de la espiritualidad. Conozca más éxitos de la escritora.

Romances Dictados por el Espíritu Lucius

La Fuerza de la Vida

La Verdad de cada uno

La vida sabe lo que hace

Ella confió en la vida

Entre el Amor y la Guerra

Esmeralda

Espinas del Tiempo

Lazos Eternos

Nada es por Casualidad

Nadie es de Nadie

El Abogado de Dios

El Mañana a Dios pertenece

El Amor Venció

Encuentro Inesperado

Al borde del destino

El Astuto

El Morro de las Ilusiones

¿Dónde está Teresa?

Por las puertas del Corazón

Cuando la Vida escoge

Cuando llega la Hora

Cuando es necesario volver
Abriéndose para la Vida
Sin miedo de vivir
Solo el amor lo consigue
Todos Somos Inocentes
Todo tiene su precio
Todo valió la pena
Un amor de verdad
Venciendo el pasado

Otros éxitos de Andrés Luiz Ruiz y Lucius

Trilogía El Amor Jamás te Olvida
La Fuerza de la Bondad
Bajo las Manos de la Misericordia
Despidiéndose de la Tierra
Al Final de la Última Hora
Esculpiendo su Destino
Hay Flores sobre las Piedras
Los Peñascos son de Arena

Otros éxitos de Gilvanize Balbino Pereira

Linternas del Tiempo

Los Ángeles de Jade

El Horizonte de las Alondras

Cetros Partidos

Lágrimas del Sol

Salmos de Redención

El Hombre que había vivido demasiado

Libros de Eliana Machado Coelho y Schellida

Corazones sin Destino

El Brillo de la Verdad

El Derecho de Ser Feliz

El Retorno

En el Silencio de las Pasiones

Fuerza para Recomenzar

La Certeza de la Victoria

La Conquista de la Paz

Lecciones que la Vida Ofrece

Más Fuerte que Nunca

Sin Reglas para Amar

Un Diario en el Tiempo

Un Motivo para Vivir

¡Eliana Machado Coelho y Schellida, Romances que cautivan, enseñan, conmueven y pueden cambiar tu vida!

Romances de Arandi Gomes Texeira y el Conde J.W. Rochester

El Condado de Lancaster

El Poder del Amor

El Proceso

La Pulsera de Cleopatra

La Reencarnación de una Reina

Ustedes son dioses

Libros de Marcelo Cezar y Marco Aurelio

El Amor es para los Fuertes

La Última Oportunidad

Nada es como Parece

Para Siempre Conmigo

Solo Dios lo Sabe

Tú haces el Mañana

Un Soplo de Ternura

Libros de Vera Kryzhanovskaia y JW Rochester

La Venganza del Judío

La Monja de los Casamientos

La Hija del Hechicero

La Flor del Pantano

La Ira Divina

La Leyenda del Castillo de Montignoso

La Muerte del Planeta

La Noche de San Bartolomé

La Venganza del Judío

Bienaventurados los pobres de espíritu

Cobra Capela

Dolores

Trilogía del Reino de las Sombras

De los Cielos a la Tierra

Episodios de la Vida de Tiberius

Hechizo Infernal

Herculanum

En la Frontera

Naema, la Bruja

En el Castillo de Escocia (Trilogía 2)

Nueva Era

El Elixir de la larga vida

El Faraón Mernephtah

Los Legisladores

Los Magos
El Terrible Fantasma
El Paraíso sin Adán
Romance de una Reina
Luminarias Checas
Narraciones Ocultas
La Monja de los Casamientos

Libros de Elisa Masselli
Siempre existe una razón
Nada queda sin respuesta
La vida está hecha de decisiones
La Misión de cada uno
Es necesario algo más
El Pasado no importa
El Destino en sus manos
Dios estaba con él
Cuando el pasado no pasa
Apenas comenzando

**Libros de Vera Lúcia Marinzeck de Carvalho
y Patricia**

Violetas en la Ventana

Viviendo en el Mundo de los Espíritus

La Casa del Escritor

El Vuelo de la Gaviota

**Vera Lúcia Marinzeck de Carvalho
y Antonio Carlos**

Amad a los Enemigos

Esclavo Bernardino

la Roca de los Amantes

Rosa, la tercera víctima fatal

Cautivos y Libertos

Deficiente Mental

Aquellos que Aman

Cabocla

El Ateo

El Difícil camino de las drogas

En Misión de Socorro

La Casa del Acantilado

La Gruta de las Orquídeas

La Última Cena

Morí, ¿y ahora?

Las Flores de María

Nuevamente Juntos

Libros de Mônica de Castro y Leonel

A Pesar de Todo

Con el Amor no se Juega

De Frente con la Verdad

De Todo mi Ser

Deseo

El Precio de Ser Diferente

Gemelas

Giselle, La Amante del Inquisidor

Greta

Hasta que la Vida los Separe

Impulsos del Corazón

Jurema de la Selva

La Actriz

La Fuerza del Destino

Recuerdos que el Viento Trae

Secretos del Alma

Sintiendo en la Propia Piel

World Spiritist Institute

www.ingramcontent.com/pod-product-compliance
Lightning Source LLC
LaVergne TN
LVHW041805060526
838201LV00046B/1129